「働《はたら》く」の教《きょう》科《か》書《しょ》

15人《にん》の先《せん》輩《ぱい》と
やりたい仕《し》事《ごと》を見《み》つけよう！

監修　菊地一文
編集　全日本手をつなぐ育成会

中央法規

もくじ

コラム

01

「働《はたら》く」を考《かんが》えよう。

はじめに

この本《ほん》は、中学生《ちゅうがくせい》や
高校生《こうこうせい》である皆《みな》さんが
「働《はたら》くこと」について知《し》り、
自分《じぶん》の将来《しょうらい》のことを
考《かんが》えるためにつくられました。
「特別支援学校《とくべつしえんがっこう》」を
卒業《そつぎょう》した15人《にん》の先輩《せんぱい》たちの
「働《はたら》く」ようすを紹介《しょうかい》しています。
仕事《しごと》の内容《ないよう》は
それぞれ違《ちが》いますが、
どの先輩《せんぱい》も毎日元気《まいにちげんき》に
仕事《しごと》をしています。
そして、先輩《せんぱい》たちには
●仕事《しごと》を選《えら》んだ理由《りゆう》
●仕事《しごと》のやりがい
●目標《もくひょう》や夢《ゆめ》
●休日《きゅうじつ》の楽《たの》しみ方《かた》
など、いろいろなことを
インタビューして
答《こた》えてもらいました。

働《はたら》くとは？

漢字《かんじ》は、むかし中国《ちゅうごく》から
日本《にほん》に伝《つた》わってきたものですが、
「働」という漢字《かんじ》は、
日本《にほん》で考《かんが》えられたと
言《い》われています。
「働《はたら》く」という文字《もじ》は、
「人《ひと》」という文字《もじ》と
「動《うご》く」という文字《もじ》を合《あ》わせて、
「人《ひと》が動《うご》く」＝「働《はたら》く」
ことを表《あらわ》しています。

人《ひと》＋動《うご》く
＝働《はたら》く

「働《はたら》く」には、「仕事《しごと》をする」「活動《かつどう》する」
などの意味《いみ》があります。

スターバックス　芹田千沙絵《せりたちさえ》さん
→P55

皆《みな》さんが学校《がっこう》を
卒業《そつぎょう》したあとには、
「働《はたら》く」生活《せいかつ》が待《ま》っています。
そして、働《はたら》くことで
「給料《きゅうりょう》を得《え》る」ことができます。
その給料《きゅうりょう》をつかって
カラオケや旅行《りょこう》に行《い》くなど、
好《す》きなことをしたり、
ゲームや本《ほん》、ファッションなど、
好《す》きなものを買《か》ったりして、
楽《たの》しむことができます。
また、働《はたら》くことをとおして
新《あたら》しいことに
チャレンジしながら、
今《いま》までできなかったことが
できるようになり、
理解《りかい》できることが
増《ふ》えていきます。
人間《にんげん》として
成長《せいちょう》していくのです。

東洋佐々木《とうようささき》ガラス　金澤高英《かなざわたかひで》さん

→P37

先輩《せんぱい》の姿《すがた》から「働《はたら》く」を学《まな》ぶ

この本《ほん》に出《で》てくる
15人《にん》の先輩《せんぱい》たちも
学校《がっこう》に通《かよ》っているころは
「働《はたら》く」ことがどんなことか
わかりませんでした。
しかし、実習《じっしゅう》に行《い》ったり、
社会人《しゃかいじん》として働《はたら》くなかで
いろいろなことにチャレンジし、
「ありがとう」「がんばったね」
と感謝《かんしゃ》されたり、ほめられて
だんだんと自信《じしん》をつけて
いきました。
ときには、つらいことも
あるかもしれません。
でも、働《はたら》くことで
「人《ひと》の役《やく》に立《た》つ」うれしさを
知《し》ることができます。
先輩《せんぱい》たちが
仕事《しごと》をする真剣《しんけん》な表情《ひょうじょう》、
お客《きゃく》さんに見《み》せる笑顔《えがお》にも
「人《ひと》の役《やく》に立《た》つ」うれしさが
あふれています。
先輩《せんぱい》の姿《すがた》から「働《はたら》く」ことを
考《かんが》えてみましょう。

いろいろな職業《しょくぎょう》を知《し》る

これからいくつか質問《しつもん》して
いきます。
皆《みな》さんで「働《はたら》く」について
考《かんが》えてみましょう。

●「働《はたら》く」と聞《き》いて、
あなたが思《おも》いつくものは
何《なん》ですか？

●「働《はたら》く」と聞《き》いて、
あなたが思《おも》いつく人《ひと》は
誰《だれ》ですか？
その人《ひと》はどんな人《ひと》ですか？

●あなたはどんな「働《はたら》く人《ひと》」に
なりたいですか？

答《こた》えはみんな同《おな》じでしたか？
どれも正解《せいかい》です。
社会《しゃかい》にはいろいろな
働《はたら》き方《かた》があります。
みんな仕事《しごと》をして、

「働《はたら》く」ことと「幸《しあわ》せ」

大山泰弘《おおやまやすひろ》さん

「日本理化学工業《にほんりかがくこうぎょう》」という
チョークを作《つく》っている会社《かいしゃ》があります。
会長《かいちょう》の大山泰弘《おおやまやすひろ》さんは
ある和尚《おしょう》さんから、人《ひと》の「幸《しあわ》せ」は、
人《ひと》に愛《あい》されること
人《ひと》にほめられること
人《ひと》の役《やく》に立《た》つこと
人《ひと》から必要《ひつよう》とされること
の4つ《よっ》であるという話《はなし》を聞《き》きました。
その話《はなし》を聞《き》いた大山《おおやま》さんは、
この4つ《よっ》を「働《はたら》くこと」によって
得《え》られるということに気《き》づきました。
人《ひと》はみんな幸《しあわ》せになるために
働《はたら》いているのです。

ヤオコー　原田愛美《はらだあみ》さん

→P73

給料《きゅうりょう》を得《え》て、
仕事《しごと》にやりがいを見《み》つけながら、
生活《せいかつ》しています。
つぎは、あなたの
近《ちか》くにいる人《ひと》の
「仕事《しごと》」や「働《はたら》く」について
考《かんが》えてみましょう。

●自分《じぶん》の家族《かぞく》や親戚《しんせき》は
どんな仕事《しごと》をしていますか？

●学校《がっこう》の先輩《せんぱい》は
どんな仕事《しごと》をしていますか？

●あなたが住《す》んでいる地域《ちいき》には
どんな仕事《しごと》がありますか？

●学校《がっこう》の中《なか》や、学校《がっこう》の周《まわ》りには
どんな仕事《しごと》がありますか？

あなたの身近《みぢか》にもいろいろな
「仕事《しごと》」や「働《はたら》く」が
あったと思《おも》います。
身近《みぢか》な人《ひと》たちの姿《すがた》からも、
「働《はたら》く」について
考《かんが》えてみてください。

自分《じぶん》の将来《しょうらい》

今度《こんど》は卒業後《そつぎょうご》のあなたについて
考《かんが》えてみましょう。
皆《みな》さんが学校《がっこう》を卒業《そつぎょう》したあと、
きっとこの3《みっ》つが
大切《たいせつ》になっていくはずです。

●働《はたら》くこと（仕事《しごと》）
●楽《たの》しむこと（余暇《よか》）
●暮《く》らすこと（生活《せいかつ》）

そして、この3《みっ》つが
バランスよくできるためには
自分《じぶん》が「好《す》きなこと」
「嫌《きら》いなこと」を知《し》ることが
大切《たいせつ》になります。

●あなたは何《なに》をするのが
好《す》きですか？

●あなたは何《なに》をするのが
嫌《きら》いですか？

●あなたが「これから
やりたいこと」は何《なん》ですか？

さいごに、あなたの
「将来《しょうらい》」について
考《かんが》えてみましょう。
例《たと》えば、3年後《ねんご》、5年後《ねんご》、10年後《ねんご》、
あなたはどんな自分《じぶん》に
なっていたいですか？
目標《もくひょう》を書《か》いてみましょう。

あなたが将来《しょうらい》「どんな自分《じぶん》になっていたいか」を書《か》いてみよう

3年後《ねんご》（　　歳《さい》）

↓

5年後《ねんご》（　　歳《さい》）

↓

10年後《ねんご》（　　歳《さい》）

自分《じぶん》のやりたいこと

もし、目標《もくひょう》どおりの
自分《じぶん》になれなくても
落《お》ち込《こ》むことはありません。
むしろ、目標《もくひょう》は変《か》わっても
いいのです。大切《たいせつ》なのは
「こんな自分《じぶん》になりたい」
という気持《きも》ちを
もっていることです。
そして、できたら
さっき書《か》いたように
3年後《ねんご》、5年後《ねんご》、10年後《ねんご》の姿《すがた》を
想像《そうぞう》してみるといいでしょう。
なぜなら、
●夢《ゆめ》を実現《じつげん》するためには
どんな力《ちから》が必要《ひつよう》か
●今《いま》のあなたは何《なに》ができて、
何《なに》ができないのか
●あなたがやりたいことに対《たい》し
てどんな支援《しえん》が必要《ひつよう》か
これらをあなた自身《じしん》が考《かんが》える
きっかけになるからです。
「こんな仕事《しごと》をしてみたいな」
「こんな人間《にんげん》になりたいな」
と思《おも》ったら、その気持《きも》ちを
大切《たいせつ》にしてください。
それがあなたの夢《ゆめ》につながって
いきます。

この本《ほん》では、皆《みな》さんが
これから実習《じっしゅう》に行《い》き、
就職《しゅうしょく》して社会人《しゃかいじん》になり、
元気《げんき》に働《はたら》いていくことを
応援《おうえん》したいと思《おも》っています。

この本《ほん》に登場《とうじょう》する
先輩《せんぱい》たちを見《み》て、
皆《みな》さんは何《なに》を
感《かん》じるでしょうか。
ぜひ、クラスメイトや先生《せんせい》、
親《おや》や家族《かぞく》に
その気持《きも》ちを伝《つた》えながら、
話《はな》しあってみてください。
そして、
「自分《じぶん》のやりたい仕事《しごと》」を
見《み》つけてほしいと思《おも》います。

富士電機《ふじでんき》フロンティア　古沢大輔《ふるさわだいすけ》さん
→P31

三越伊勢丹《みつこしいせたん》ソレイユ　吉岡《よしおか》さをりさん
→P25

02

「働《はたら》く」ってなんだろう？

どんなところで働《はたら》くの？ どんなふうに働《はたら》くの？

社会《しゃかい》にはたくさんの仕事《しごと》があり、いろいろな「働《はたら》き方《かた》」があります。ここでは「会社《かいしゃ》」「福祉的就労《ふくしてきしゅうろう》」「趣味《しゅみ》や好《す》きなこと」の働《はたら》き方《かた》を紹介《しょうかい》していきます。

皆《みな》さんは、社会《しゃかい》に出《で》るとどんなところでどのように働《はたら》くのでしょうか。

会社《かいしゃ》で働《はたら》く

社会《しゃかい》には、「会社《かいしゃ》（企業《きぎょう》）」がたくさんあります。

「会社《かいしゃ》」には、いろいろな仕事《しごと》があります。

働《はたら》きたい会社《かいしゃ》が見《み》つかったら、会社《かいしゃ》と「雇用契約《こようけいやく》」を結《むす》びます（「雇用契約《こようけいやく》」とは、働《はたら》くための約束事《やくそくごと》です）。

会社《かいしゃ》では、正社員《せいしゃいん》として長《なが》い期間《きかん》にわたって働《はたら》く人《ひと》もいますし、何年間《なんねんかん》という約束《やくそく》で働《はたら》く人《ひと》もいます。

また、アルバイトやパートで1日数時間《にちすうじかん》だけ、という働《はたら》き方《かた》もあります。

福祉的就労《ふくしてきしゅうろう》で働《はたら》く

会社《かいしゃ》と「雇用契約《こようけいやく》」をする
のではなく、福祉施設《ふくししせつ》で働《はたら》く
方法《ほうほう》もあります。
会社《かいしゃ》で働《はたら》くために
「訓練《くんれん》（トレーニング）」
したり、支援者《しえんしゃ》の手助《てだす》けを
受《う》けながら働《はたら》いたりします。
これらを「福祉的就労《ふくしてきしゅうろう》」と
いいます。他《ほか》にも、自分《じぶん》の
ペースに合《あ》った仕事《しごと》ができる、
「（小規模《しょうきぼ》）作業所《さぎょうしょ》」で
働《はたら》く人《ひと》もいます。

趣味《しゅみ》や好《す》きなことを仕事《しごと》にする

自分《じぶん》の好《す》きなことや、
自分《じぶん》の趣味《しゅみ》を、
仕事《しごと》にしている人《ひと》もいます。
例《たと》えば、絵《え》や書道《しょどう》が得意《とくい》な人《ひと》は、
作品《さくひん》を描《か》いて売《う》ることで
お金《かね》を得《え》ています。

ヤマト運輸《うんゆ》　為井《ためい》さんの場合《ばあい》

仕分《しわ》けした荷物《にもつ》は再《ふたた》びトラックに積《つ》まれお客様《きゃくさま》に届《とど》けられます。

たくさんの荷物《にもつ》がトラックで物流《ぶつりゅう》ターミナルに集《あつ》まってきます。

為井《ためい》さんはその荷物《にもつ》を行先《いきさき》ごとに仕分《しわ》けします。

自分《じぶん》の仕事《しごと》は、どんなふうに役《やく》に立《た》つの？

働《はたら》くということは、何《なに》か（誰《だれ》か）の役《やく》に立《た》つことです。しかし、「どんなふうに役《やく》に立《た》つのか」をイメージしにくいと思《おも》います。ここでは、2人《ふたり》の先輩《せんぱい》を例《れい》に考《かんが》えてみましょう。

会社《かいしゃ》で働《はたら》くと、会社《かいしゃ》の仕事《しごと》の一部《いちぶ》を担当《たんとう》することになります。また、会社《かいしゃ》がやっていることと、あまり関係《かんけい》なさそうな仕事《しごと》をすることもあります。

ヤマト運輸《うんゆ》の為井《ためい》さんの場合《ばあい》

例《たと》えば、19ページに出《で》てくる為井《ためい》さんは、ヤマト運輸《うんゆ》の物流《ぶつりゅう》ターミナルで、荷物《にもつ》を運《はこ》んだり、仕分《しわ》けたりする仕事《しごと》をしています。ヤマト運輸《うんゆ》の仕事《しごと》は「物《もの》を運《はこ》ぶ」こと。為井《ためい》さんが運《はこ》んだ荷物《にもつ》は、次《つぎ》の業務《ぎょうむ》を行《おこな》う人《ひと》に渡《わた》されて、トラックに積《つ》み込《こ》まれます。さらに、今度《こんど》は配達《はいたつ》する人《ひと》に渡《わた》されて、皆《みな》さんの家《いえ》に届《とど》きます。つまり、為井《ためい》さんは「物《もの》を運《はこ》ぶ」仕事《しごと》の一部《いちぶ》を担当《たんとう》しているのです。

三越伊勢丹《みつこしいせたん》ソレイユ　吉岡《よしおか》さんの場合《ばあい》

店員《てんいん》さんはお客様《きゃくさま》に商品《しょうひん》を入《い》れて渡《わた》します。

吉岡《よしおか》さんが手作業《てさぎょう》でリボンを袋《ふくろ》に貼《は》ります。

デパートの店頭《てんとう》に運《はこ》ばれます。

三越伊勢丹《みつこしいせたん》ソレイユの吉岡《よしおか》さんの場合《ばあい》

また、25ページに出《で》てくる
吉岡《よしおか》さんは、デパートで
使《つか》う包装紙《ほうそうし》や、リボンなどを
作《つく》っています。
デパートは
「品物《しなもの》を売《う》る」ところなので、
包装紙《ほうそうし》を作《つく》ることは、
「品物《しなもの》を売《う》る」ことと、
直接関係《ちょくせつかんけい》していないように
見《み》えます。
ですが、吉岡《よしおか》さんが作《つく》った
包装紙《ほうそうし》やリボンは、
デパートの売《う》り場《ば》に運《はこ》ばれ、
買《か》い物《もの》した人々《ひとびと》の
品物《しなもの》を包《つつ》むのに使《つか》われます。
つまり、吉岡《よしおか》さんの仕事《しごと》は
「品物《しなもの》を売《う》る」ことに、
ちゃんと役立《やくだ》っているのです。

どの仕事《しごと》も誰《だれ》かの役《やく》に立《た》っている

為井《ためい》さんと吉岡《よしおか》さんの
仕事《しごと》が違《ちが》うように、
「仕事《しごと》」といっても、
その内容《ないよう》は人《ひと》によって、
会社《かいしゃ》によって、部署《ぶしょ》によって
まったく違《ちが》うのです。
しかし、どんな仕事《しごと》も
会社《かいしゃ》の中《なか》で働《はたら》いている
他《ほか》の人《ひと》の仕事《しごと》や会社全体《かいしゃぜんたい》の
仕事《しごと》とつながっています。
あなたが入《はい》りたいと思《おも》った
会社《かいしゃ》にも、きっといろいろな
仕事《しごと》があり、
あなたの知《し》らない仕事《しごと》が
たくさんあると思《おも》います。
しかし、どれも
会社《かいしゃ》にはなくてはならない
「仕事《しごと》」なのです。

仕事《しごと》には どんな種類《しゅるい》が あるの？

この本《ほん》では、
皆《みな》さんがやりたい仕事《しごと》を
見《み》つけやすいように、
7種類《しゅるい》の仕事《しごと》に
分《わ》けてみました。
体力《たいりょく》が必要《ひつよう》だったり、
パソコンをつかったり、
細《こま》かい作業《さぎょう》をするなど、
いろいろな仕事《しごと》の
種類《しゅるい》があります。
また、これから紹介《しょうかい》していく
15人《にん》の先輩《せんぱい》たちも、
この7種類《しゅるい》の
仕事《しごと》をしています。
みなさんのやりたい仕事《しごと》を
見《み》つけるために、
参考《さんこう》にしてください。

物《もの》を運《はこ》ぶ仕事《しごと》(物流《ぶつりゅう》)

運輸会社《うんゆかいしゃ》などで、重《おも》かったり、相手《あいて》が遠《とお》すぎて
運《はこ》べない荷物《にもつ》を運《はこ》び、相手《あいて》に届《とど》けるのが仕事《しごと》です。
この仕事《しごと》には、
トラックで荷物《にもつ》を運《はこ》ぶ人《ひと》、
たくさんの荷物《にもつ》を仕分《しわ》ける人《ひと》、
荷物《にもつ》を包装《ほうそう》する人《ひと》など、
たくさんの人《ひと》たちが関《かか》わっています。

机《つくえ》でする仕事《しごと》(事務《じむ》)

物《もの》を作《つく》る・売《う》るといった会社《かいしゃ》の業務《ぎょうむ》を
支《ささ》えるための仕事《しごと》です。
必要《ひつよう》なお金《かね》の計算《けいさん》(経理《けいり》)や
書類《しょるい》の作成《さくせい》などをします。
この他《ほか》にも、社内《しゃない》に郵便《ゆうびん》を配《くば》ったり、
お店《みせ》で使《つか》う物品《ぶっぴん》を準備《じゅんび》するなど、
職場《しょくば》によりさまざまな仕事《しごと》が含《ふく》まれます。

物《もの》を売《う》る仕事《しごと》(小売《こうり》)

百貨店《ひゃっかてん》や小売店《こうりてん》、スーパーマーケットなどで、
食料品《しょくりょうひん》、洋服《ようふく》、生活用品《せいかつようひん》など生活《せいかつ》に必要《ひつよう》なものを
お客様《きゃくさま》に売《う》るのが仕事《しごと》です。この仕事《しごと》には、
お店《みせ》でお客様《きゃくさま》に対応《たいおう》する人《ひと》、レジでお金《かね》を扱《あつか》う人《ひと》、
品物《しなもの》をお店《みせ》の棚《たな》に置《お》く人《ひと》、
バックヤードで品物《しなもの》を整理《せいり》する人《ひと》など、
たくさんの人《ひと》が関《かか》わっています。

物《もの》を作《つく》る仕事《しごと》（製造《せいぞう》）

電気製品《でんきせいひん》や食料品《しょくりょうひん》、日常生活用品《にちじょうせいかつようひん》などの製品《せいひん》を
作《つく》る仕事《しごと》です。
多《おお》くは、工場《こうじょう》にたくさんの人《ひと》が集《あつ》まり、
流《なが》れ作業《さぎょう》で行《おこな》います。
この仕事《しごと》には、作《つく》った製品《せいひん》を運《はこ》ぶ人《ひと》、
お店《みせ》やお客様《きゃくさま》に売《う》る人《ひと》など、
たくさんの人《ひと》が関《かか》わっています。

食《た》べ物屋《ものや》で働《はたら》く仕事《しごと》（飲食厨房《いんしょくちゅうぼう》）

レストランやコーヒーショップなどで、
お客様《きゃくさま》の注文《ちゅうもん》に合《あ》わせて食《た》べ物《もの》や飲《の》み物《もの》を作《つく》り、
提供《ていきょう》する仕事《しごと》です。
この他《ほか》にも、店内《てんない》の清掃《せいそう》や
レジでお金《かね》のやりとりをするなど、
さまざまな仕事《しごと》があります。

サービスの仕事《しごと》

ビルを掃除《そうじ》してきれいにする、
お年寄《としよ》りのお世話《せわ》をする、
洋服《ようふく》をクリーニングするなど、
何《なに》かを作《つく》ったり売《う》ったりするのではなく、
お客様《きゃくさま》に求《もと》められることをして
お金《かね》をもらう仕事《しごと》です。

アートの活動《かつどう》

絵《え》や音楽《おんがく》、書道《しょどう》、ダンスなど、
自分《じぶん》を表現《ひょうげん》するのがアート活動《かつどう》です。
これらでお金《かね》をかせげる人《ひと》を「プロ」と言《い》います。
「プロ」になれる人《ひと》は
とても少《すく》ないですが、
現在《げんざい》、アート活動《かつどう》をする人《ひと》は
とても増《ふ》えています。

03 先輩《せんぱい》の「働《はたら》く」を見《み》てみよう！

もくじ

*福祉的就労《ふくしてきしゅうろう》

01 ヤマト運輸《うんゆ》・千葉主管支店《ちばしゅかんしてん》

為井邦夫《ためいくにお》さん(31歳《さい》)

仕事内容《しごとないよう》 荷物《にもつ》の仕分《しわ》け作業《さぎょう》

こんな人《ひと》におすすめ

- トラック・自動車《じどうしゃ》・人《ひと》が好《す》き
- まじめにこつこつ取《と》り組《く》める

ヤマト運輸《うんゆ》・千葉主管支店《ちばしゅかんしてん》
場所《ばしょ》:千葉県千葉市《ちばけんちばし》
社員《しゃいん》:3,040名《めい》
(知的障害《ちてきしょうがい》のある本人《ほんにん》:20名《めい》)
※2012年《ねん》3月《がつ》15日現在《にちげんざい》

[働《はたら》く日数《にっすう》]
週5日《しゅういつか》(シフト制《せい》なので、休《やす》みの曜日《ようび》は決《き》まっていません)

[働《はたら》く時間《じかん》]
9:00〜17:00

[通勤《つうきん》]
家《いえ》から自転車《じてんしゃ》と電車《でんしゃ》で通《かよ》っています。

体力《たいりょく》とスピードが勝負《しょうぶ》！

トラックとかかわる仕事《しごと》がしたい

「ヤマト運輸《うんゆ》・千葉主管支店《ちばしゅかんしてん》」は、
全国《ぜんこく》から千葉県東部《ちばけんとうぶ》に
届《とど》けられる宅急便《たっきゅうびん》が集《あつ》まる場所《ばしょ》です。
ここから、千葉県《ちばけん》に住《す》む人《ひと》たちに
宅急便《たっきゅうびん》が届《とど》けられます。為井邦夫《ためいくにお》さんは
「ヤマト運輸《うんゆ》・千葉主管支店《ちばしゅかんしてん》」で働《はたら》いています。
現在《げんざい》は、「クール宅急便《たっきゅうびん》*」の担当《たんとう》です。
為井《ためい》さんは子《こ》どものころから、
とにかくトラックが好《す》きで、
「いつかトラックにかかわる仕事《しごと》がしたい」
と思《おも》っていました。
そして、特別支援学校《とくべつしえんがっこう》2年生《ねんせい》のときに
実習《じっしゅう》に行《い》ったのが
「ヤマト運輸《うんゆ》・千葉主管支店《ちばしゅかんしてん》」でした。
職場《しょくば》にはたくさんのトラックが停《と》まっていて、
トラックから降《お》ろされる宅急便《たっきゅうびん》を
運《はこ》んでいる人《ひと》たちがたくさんいました。

「ここで働《はたら》いてみたい！」
為井《ためい》さんはすぐにそう思《おも》いました。
もちろん、はじめての実習《じっしゅう》は緊張《きんちょう》しました。
「ここでやっていけるかな……」と
不安《ふあん》なときもありました。
しかし、3年生《ねんせい》のときも同《おな》じ
「ヤマト運輸《うんゆ》・千葉主管支店《ちばしゅかんしてん》」で実習《じっしゅう》をして、
ここで働《はたら》いていける気《き》がしたそうです。
そして、卒業《そつぎょう》してすぐの4月《がつ》から、
「ヤマト運輸《うんゆ》・千葉主管支店《ちばしゅかんしてん》」で
働《はたら》くことになりました。忙《いそが》しい時期《じき》には
1日《にち》で8万個以上《まんこいじょう》の「クール宅急便《たっきゅうびん》」が
千葉主管支店《ちばしゅかんしてん》に運《はこ》ばれてくることもあります。
すべての宅急便《たっきゅうびん》をトラックから降《お》ろし、
倉庫《そうこ》へ運《はこ》んでいくこの仕事《しごと》は、
とても体力《たいりょく》が必要《ひつよう》です。
そして、いつも健康《けんこう》でなくてはなりません。
為井《ためい》さんはこれまで12年間《ねんかん》、
ずっとこの仕事《しごと》を続《つづ》けてきました。

*クール宅急便《たっきゅうびん》　冷《つめ》たいまま送《おく》れる宅急便《たっきゅうびん》のこと

クールではない宅急便《たっきゅうびん》はケース（ロールボックスパレット）に入《い》れて、いっぺんに運《はこ》びます。

▲朝《あさ》のミーティングは、体操《たいそう》からはじまります。

◀休《きゅう》けい中《ちゅう》に、上司《じょうし》の紅谷《べにや》さんと話《はな》す為井《ためい》さん

まじめに、素直《すなお》に、ひたむきに

為井《ためい》さんがいつも働《はたら》いているのは、
気温《きおん》10度《ど》の倉庫《そうこ》の中《なか》。
「クール宅急便《たっきゅうびん》」が温《あたた》まらないように、
寒《さむ》い倉庫《そうこ》の中《なか》で仕事《しごと》をしなければなりません。
為井《ためい》さんの仕事《しごと》は①~③の順番《じゅんばん》に進《すす》みます。
①全国《ぜんこく》から運《はこ》ばれてくる宅急便《たっきゅうびん》の中《なか》で

トラックからクール宅急便《たっきゅうびん》の入《はい》ったコールドボックスを運《はこ》ぶ為井《ためい》さん

「クール宅急便《たっきゅうびん》」が積《つ》まれたコールドボックス
(大《おお》きなケース)をトラックから降《お》ろす
②降《お》ろしたコールドボックスを
倉庫《そうこ》(クール室《しつ》)へ運《はこ》ぶ
③倉庫《そうこ》に運《はこ》ばれたコールドボックスから
宅急便《たっきゅうびん》を取《と》りだして、
ベルトコンベアに乗《の》せていく

こうしてベルトコンベアに乗《の》せられた荷物《にもつ》は、千葉県内《ちばけんない》の市《し》や町《まち》へ運《はこ》ぶために仕分《しわ》けられ、トラックで運《はこ》ばれていくのです。

毎日《まいにち》3回《かい》(早朝《そうちょう》3時《じ》、正午《しょうご》、午後《ごご》3時《じ》ごろ)全国《ぜんこく》からトラックが千葉主管支店《ちばしゅかんしてん》へ荷物《にもつ》を届《とど》けにきます。

為井《ためい》さんはそのうち2回《かい》を担当《たんとう》します。

たくさんの荷物《にもつ》をすばやく、間違《まちが》いのないように倉庫《そうこ》へ運《はこ》ぶのですから、仕事《しごと》はたいへんです。


「為《ため》ちゃんはまじめで、素直《すなお》で、ひたむきなんですよ」

そう話《はな》すのは、上司《じょうし》の紅谷《べにや》さんです。

為井《ためい》さんは絶対《ぜったい》に手《て》をぬかず、一生懸命《いっしょうけんめい》に仕事《しごと》をします。だらだらせず、いつもきびきびとしています。だから、職場《しょくば》の人《ひと》からとても信頼《しんらい》されています。

暑《あつ》い日《ひ》も、寒《さむ》い日《ひ》も、雨《あめ》の日《ひ》も、宅急便《たっきゅうびん》は毎日《まいにち》、全国《ぜんこく》から「ヤマト運輸《うんゆ》・千葉主管支店《ちばしゅかんしてん》」に届《とど》きます。

為井《ためい》さんは、届《とど》いた宅急便《たっきゅうびん》を愛情《あいじょう》こめて、千葉県内《ちばけんない》のお客様《きゃくさま》にお届《とど》けできるように、荷物《にもつ》を運《はこ》び続《つづ》けていくのです。

コールドボックスは400キロ!

「クール宅急便《たっきゅうびん》」を入《い》れるコールドボックスは、荷物《にもつ》を入《い》れると、最大《さいだい》で400キロにもなります。下《した》に車輪《しゃりん》が付《つ》いているものの、これを運《はこ》ぶのはたいへんです。また、コールドボックスをいつも冷《ひ》やしておくために「保冷剤《ほれいざい》」を入れるのも為井《ためい》さんの仕事《しごと》です。

高《たか》さ2メートルのコールドボックス

保冷剤《ほれいざい》をコールドボックスに入《い》れて、温度《おんど》を冷《つめ》たいままに保《たも》ちます。

「ヤマト運輸《うんゆ》・千葉《ちば》主管支店《しゅかんしてん》」の一日《いちにち》 ―こんな仕事《しごと》をしています

9:00

朝礼《ちょうれい》

体操《たいそう》のあと、
その日《ひ》の仕事《しごと》の指示《しじ》があります。

9:15

ダンボールの組立《くみた》てなど

トラックが来《く》るまでの
間《あいだ》に段《だん》ボール箱《ばこ》を
組《く》み立《た》てたり、
送《おく》り状《じょう》を書《か》いたり、
細《こま》かい作業《さぎょう》をしています。

10:00

荷物《にもつ》を倉庫《そうこ》へ

次々《つぎつぎ》とトラックが千葉主管支店《ちばしゅかんしてん》に到着《とうちゃく》。
荷物《にもつ》を降《お》ろして、倉庫《そうこ》へ運《はこ》んでいきます。

12:00

昼食《ちゅうしょく》

昼食《ちゅうしょく》は同《おな》じ建物《たてもの》にある社員食堂《しゃいんしょくどう》で。
職場《しょくば》の先輩《せんぱい》たちと食《た》べて、
そのあとは休《きゅう》けいします。

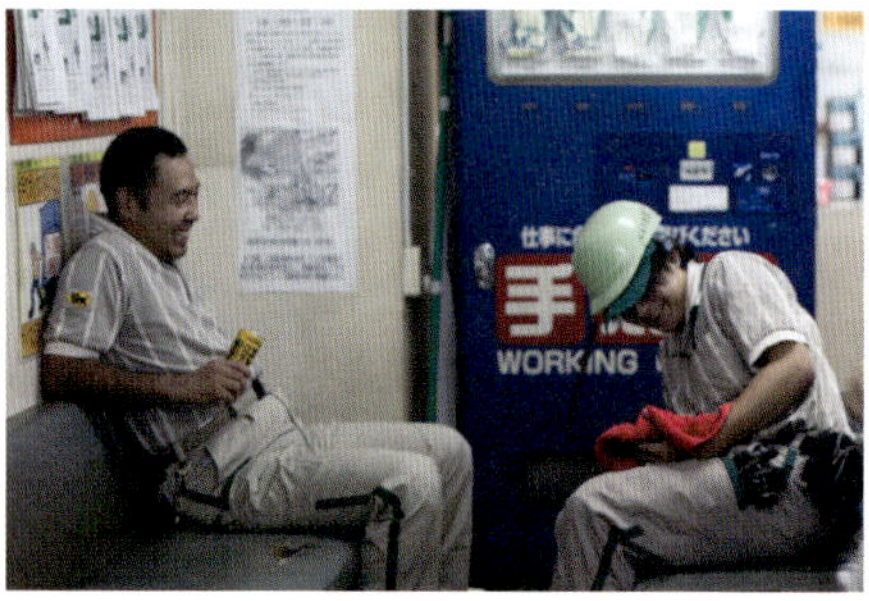

15:00

荷物《にもつ》をベルトコンベアへ

午後《ごご》のトラックが到着《とうちゃく》。降《お》ろした荷物《にもつ》を
ベルトコンベアに乗《の》せていきます。

忙《いそが》しいときこそ、
同僚《どうりょう》と声《こえ》をかけあって、
コミュニケーションを
とらなくては
なりません。

17:00

終業《しゅうぎょう》

先輩《せんぱい》たちに聞《き》きました

Q1 この会社《かいしゃ》(仕事《しごと》)を選《えら》んだ理由《りゆう》は?

A 実習《じっしゅう》に来《き》たのがきっかけです。
特別支援学校《とくべつしえんがっこう》の2年生《ねんせい》のときに、
「ヤマト運輸《うんゆ》・千葉主管支店《ちばしゅかんしてん》」に
実習《じっしゅう》に来《き》ました。学生時代《がくせいじだい》から
スポーツをやっていたので、
体力《たいりょく》には自信《じしん》がありました。だから、
仕事《しごと》は最初《さいしょ》から楽《たの》しかったです。

Q2 仕事《しごと》のどの部分《ぶぶん》にやりがいを感《かん》じていますか?

A 宅急便《たっきゅうびん》を運《はこ》んでくるトラックから
荷物《にもつ》を降《お》ろしたとき。
とてもたくさんの荷物《にもつ》を
降《お》ろし終《お》わったとき、
「仕事《しごと》をしたな〜」と感《かん》じます。
とくに忙《いそが》しいのは夏《なつ》と年末《ねんまつ》です。

Q3 困《こま》ったり、悩《なや》んでいることはありますか?

A 入社《にゅうしゃ》したばかりのころは、
仕事《しごと》が覚《おぼ》えられずに苦労《くろう》しました。
でも、先輩《せんぱい》たちから教《おそ》わって
できるようになりました。
悩《なや》んでいることはありません。きっと
教《おし》えてくれる人《ひと》がやさしいからだと
思《おも》います。みんな仕事《しごと》が終《お》わると
「お疲《つか》れさま」と言《い》ってくれます。

Q4 給料《きゅうりょう》のおもな使《つか》い道《みち》は?

A 貯金《ちょきん》しています。
車《くるま》の免許《めんきょ》をもっているので、
車《くるま》を買《か》いました。
休《やす》みの日《ひ》は家族一緒《かぞくいっしょ》に車《くるま》で
キャンプに行《い》きます。

Q5 将来《しょうらい》の夢《ゆめ》はなんですか?

A 資格《しかく》をとりたい。いつか資格《しかく》をとって、
他《ほか》の仕事《しごと》にも挑戦《ちょうせん》してみたいです。
フォークリフトの免許《めんきょ》を
とりたいと思《おも》っています。そして、
いつか大型自動車免許《おおがたじどうしゃめんきょ》をとって、
運転手《うんてんしゅ》になって、営業所《えいぎょうしょ》へ荷物《にもつ》を運《はこ》ぶ、
宅急便《たっきゅうびん》をつなぐ仕事《しごと》をしたいです。

上司《じょうし》から聞《き》きました

為井《ためい》さんは「集中力《しゅうちゅうりょく》」が
あるので、
仕事《しごと》のミスがとても少《すく》ないです。
トラックで運《はこ》ばれてくる荷物《にもつ》を
正確《せいかく》な場所《ばしょ》へ運《はこ》んだり、
低《ひく》い温度《おんど》の部屋《へや》の扉《とびら》を閉《し》めたり、
忙《いそが》しい時間《じかん》に職場《しょくば》の人《ひと》たちと
一緒《いっしょ》になって
宅急便《たっきゅうびん》を運《はこ》んだり…。
この仕事《しごと》は体力《たいりょく》と
集中力《しゅうちゅうりょく》が必要《ひつよう》です。
また、仕事《しごと》に
手《て》をぬかないところも
為井《ためい》さんの良《よ》いところです。
職場《しょくば》の人《ひと》たちも
安心《あんしん》して為井《ためい》さんに
仕事《しごと》を任《まか》せることが
できると言《い》っています。
為井《ためい》さんにはいずれ
フロアのリーダーに
なってほしいですね。
それだけの力《ちから》が
為井《ためい》さんには
あると思《おも》います。
また、職場《しょくば》ではほかにも
障害《しょうがい》のある人《ひと》が
働《はたら》いていますので、
後輩《こうはい》たちのリーダーに
なってもらいたいです。
そうすると、後輩《こうはい》たちも
安心《あんしん》して仕事《しごと》ができるはずです。

考《かんが》えてみよう

為井《ためい》さんが勤《つと》めている「ヤマト運輸《うんゆ》」は
宅急便《たっきゅうびん》をお客様《きゃくさま》に届《とど》ける会社《かいしゃ》です。
為井《ためい》さんはスポーツをしていたので
体力《たいりょく》に自信《じしん》があり、
重《おも》い荷物《にもつ》を運《はこ》ぶことができます。

Q1 あなたは体力《たいりょく》に自信《じしん》がありますか?
体力《たいりょく》をつけるために何《なに》かしていますか?

Q2 為井《ためい》さんはたくさんの荷物《にもつ》を運《はこ》び終《お》わったときに
仕事《しごと》の「やりがい」を感《かん》じるそうです。
あなたは普段《ふだん》、どんなことに「やりがい」を感《かん》じますか?

02 三越伊勢丹《みつこしいせたん》ソレイユ

吉岡《よしおか》さをりさん（25歳《さい》）

仕事内容《しごとないよう》 スタンプ押《お》し、リボン作《づく》り、伝票《でんぴょう》の分類《ぶんるい》、ギフト用《よう》ラッピングなど 80 種類《しゅるい》

こんな人《ひと》におすすめ

- いろいろな種類《しゅるい》の仕事《しごと》がしたい
- 手《て》作業《さぎょう》が得意《とくい》

三越伊勢丹《みつこしいせたん》ソレイユ
場所《ばしょ》：東京都《とうきょうと》新宿区《しんじゅくく》
社員《しゃいん》：63名《めい》
（知的障害《ちてきしょうがい》のある本人《ほんにん》：45名《めい》）

［働《はたら》く日数《にっすう》］
週《しゅう》5日《いつか》（休《やす》みは水曜《すいよう》・日曜《にちよう》）

［働《はたら》く時間《じかん》］
9:45～17:00
（土曜《どよう》は9:45～16:00）

［通勤《つうきん》］
自宅《じたく》からバスを2本《ほん》乗《の》り継《つ》いで、40分《ぷん》かけて会社《かいしゃ》に通《かよ》っています。

仕事《しごと》をがんばって、アメリカへ行《い》きたい

自分《じぶん》でパソコンが買《か》いたい

吉岡《よしおか》さをりさんは生《う》まれてから18歳《さい》まで、
アメリカ・カリフォルニア州《しゅう》に
住《す》んでいました。
その後《ご》、日本《にほん》に引《ひ》っ越《こ》してきました。
現在《げんざい》は、両親《りょうしん》と3人《にん》で暮《く》らしています。
さをりさんは日本《にほん》の暮《く》らしに慣《な》れるために、
18歳《さい》から20歳《さい》まで2年間《ねんかん》、
特別支援学校《とくべつしえんがっこう》に通《かよ》いました。
特別支援学校《とくべつしえんがっこう》の実習《じっしゅう》ではじめて
「三越伊勢丹《みつこしいせたん》ソレイユ」を訪《おとず》れましたが、
そのときは緊張《きんちょう》して「この会社《かいしゃ》で
働《はたら》けるかな…」と不安《ふあん》に思《おも》ったそうです。
さをりさんは社会人《しゃかいじん》になったら、
自分《じぶん》のお金《かね》で
パソコンを買《か》いたいと思《おも》っていました。
アメリカにいる友《とも》だちと
メールしたり、インターネット電話《でんわ》で
話《はな》したかったからです。

そして、ほかの会社《かいしゃ》よりも給料《きゅうりょう》の高《たか》い
「三越伊勢丹《みつこしいせたん》ソレイユ」で
働《はたら》きたいと思《おも》いました。
「三越伊勢丹《みつこしいせたん》ソレイユ」で
働《はたら》きはじめたさをりさん。
しかし、日本語《にほんご》が苦手《にがて》だったので
なかなか職場《しょくば》の仲間《なかま》とおしゃべりできず、
会社《かいしゃ》では一人《ひとり》でポツンとしていることが
多《おお》かったそうです。
でも、上司《じょうし》の四王天《しおうでん》さんが
「ハロー（こんにちは）」
「グッバイ（さようなら）」と
英語《えいご》で話《はな》しかけてくれたり、
英語《えいご》の雑誌《ざっし》を読《よ》んでいると、
職場《しょくば》の仲間《なかま》が珍《めずら》しがりました。
だんだんとさをりさんの周《まわ》りに
仲間《なかま》が集《あつ》まってきて、
さをりさんの笑顔《えがお》は
どんどん増《ふ》えていきました。

同僚《どうりょう》とも今《いま》では仲良《なかよ》しです。

会社《かいしゃ》ではもう先輩《せんぱい》！

「三越伊勢丹《みつこしいせたん》ソレイユ」は、東京《とうきょう》、千葉《ちば》、神奈川《かながわ》にある大《おお》きなデパートの子会社《こがいしゃ》です。

デパートに来《き》たお客《きゃく》さまの買《か》った商品《しょうひん》を包《つつ》む紙《かみ》を折《お》ったり、商品《しょうひん》につけるリボンを作《つく》ったり、買《か》い物《もの》をしたクレジット伝票《でんぴょう》を分類《ぶんるい》したりするのがおもな仕事《しごと》です。

さをりさんが会社《かいしゃ》に着《つ》くと、ホワイトボードにその日《ひ》に行《おこな》う仕事《しごと》が記《しる》されています。

ホワイトボードを見《み》たさをりさんは棚《たな》から必要《ひつよう》な作業道具《さぎょうどうぐ》をもってきて、机《つくえ》に座《すわ》って仕事《しごと》をはじめます。

「三越伊勢丹《みつこしいせたん》ソレイユ」の仕事《しごと》は全部《ぜんぶ》で80種類《しゅるい》。毎日仕事《まいにちしごと》の内容《ないよう》は変《か》わるので、覚《おぼ》えるのがたいへんです。

さをりさんも働《はたら》きはじめたころは覚《おぼ》えられませんでしたが、指導員《しどういん》（ジョブコーチ）が丁寧《ていねい》に教《おし》えてくれたので、今《いま》ではどの仕事《しごと》もスムーズにこなすことができます。

さをりさんの作業《さぎょう》したものは、デパートに来《く》るお客《きゃく》さまが買《か》い物《もの》を楽《たの》しむために必要《ひつよう》なものばかりです。

だからこそ、ちょっとしたミスによってお客《きゃく》さまに迷惑《めいわく》がかかります。

さをりさんはいつも責任《せきにん》を感《かん》じながら仕事《しごと》をしています。

「三越伊勢丹《みつこしいせたん》ソレイユ」で働《はたら》きはじめてもうすぐ6年目《ねんめ》。

上司《じょうし》の四王天《しおうでん》さんは「吉岡《よしおか》さんには、これから後輩《こうはい》たちや実習《じっしゅう》に来《く》る特別支援学校《とくべつしえんがっこう》の生徒《せいと》に仕事《しごと》を教《おし》えていってほしいと思《おも》っています。彼女《かのじょ》なら、できますから」と話《はな》します。職場《しょくば》の中《なか》ではもうりっぱな先輩《せんぱい》なのです。

そんなさをりさんには大《おお》きな目標《もくひょう》があります。

それは「仕事《しごと》で貯《た》めたお金《かね》でアメリカにいる友《とも》だちに会《あ》いに行《い》く」こと。

自分《じぶん》の目標《もくひょう》に向《む》かって、さをりさんは今日《きょう》も仕事《しごと》をがんばっています。

リボン作《づく》り

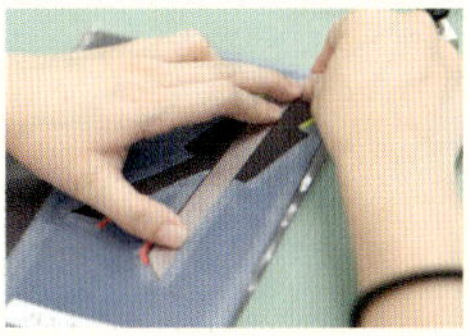

リボンを決《き》まった型《かた》にはめていきます。

電池《でんち》を重《おも》しにして、シールをはります。

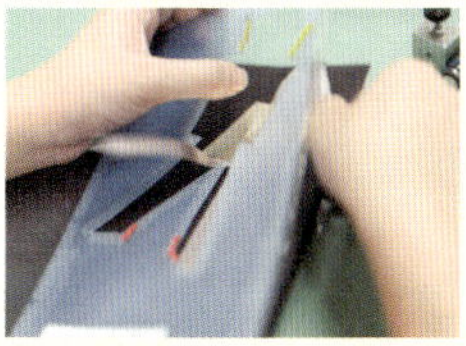

シールをはったら、型《かた》をはずします。

できあがり。

「三越伊勢丹《みつこしいせたん》ソレイユ」の一日《いちにち》 ―こんな仕事《しごと》をしています

午前中《ごぜんちゅう》の仕事《しごと》

「三越伊勢丹《みつこしいせたん》ソレイユ」には
たくさんの仕事《しごと》があります。
どの仕事《しごと》も、お客《きゃく》さまがデパートで楽《たの》しく
買《か》い物《もの》するために欠《か》かせない仕事《しごと》です。

10:00

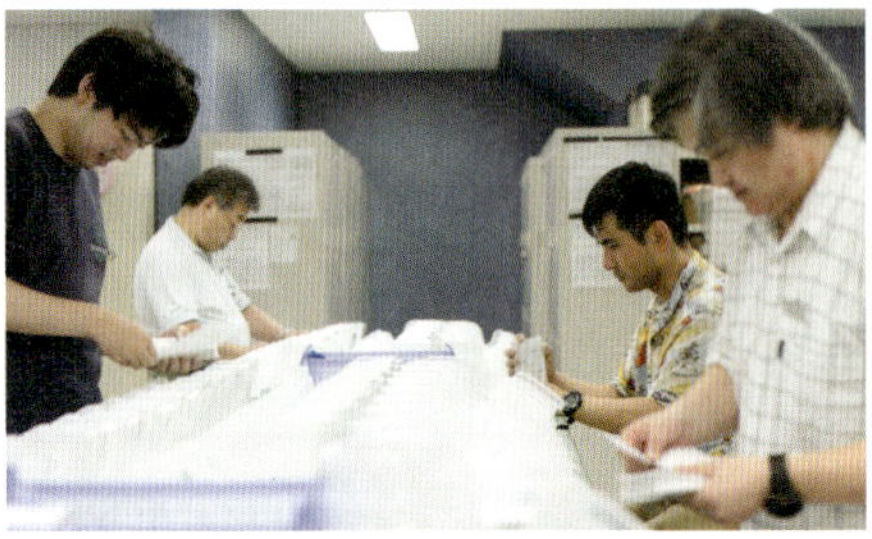

お仕事《しごと》ノートと文字練習帳《もじれんしゅうちょう》

「三越伊勢丹《みつこしいせたん》ソレイユ」では仕事《しごと》が
上達《じょうたつ》するように、2つのノートを使《つか》います。
「お仕事《しごと》ノート」はたくさんある仕事《しごと》を
覚《おぼ》えられるように。また、忘《わす》れたときに
思《おも》い出《だ》すために使《つか》います。
「文字練習帳《もじれんしゅうちょう》」は字《じ》をきれいに
書《か》けるように、
ひらがなやカタカナ、
漢字《かんじ》を練習《れんしゅう》します。
きれいな字《じ》で
伝票《でんぴょう》を書《か》いたり、
仕事《しごと》の報告《ほうこく》をすれば、
読《よ》みやすいですよね。

9:45

朝礼《ちょうれい》・掃除《そうじ》

仕事《しごと》は9:45にはじまります。朝礼《ちょうれい》があり、
指導員《しどういん》からその日《ひ》の仕事《しごと》の説明《せつめい》があったあと、
社員全員《しゃいんぜんいん》で掃除《そうじ》をします。

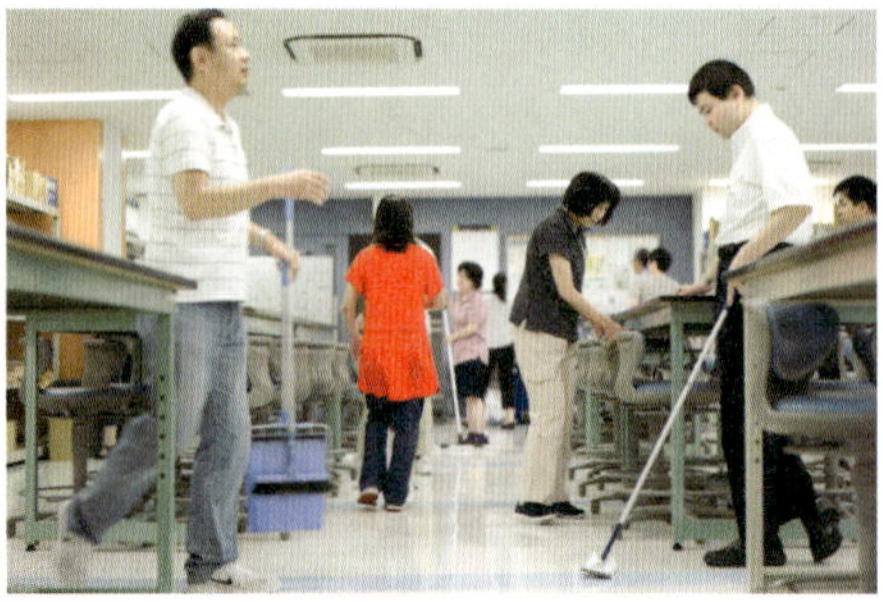

11:45

昼休《ひるやす》み

昼休《ひるやす》みは1時間《じかん》。昼食《ちゅうしょく》は同《おな》じ建物《たてもの》にある
社員食堂《しゃいんしょくどう》で食《た》べます。
食堂《しょくどう》のごはんは安《やす》くておいしい!

15:00

午後《ごご》の休《きゅう》けい

午後《ごご》には30分《ぷん》の休《きゅう》けいがあります。

17:00

終業《しゅうぎょう》

先輩《せんぱい》たちに聞《き》きました

Q1 この会社《かいしゃ》(仕事《しごと》)を選《えら》んだ理由《りゆう》は?

A 実習《じっしゅう》で行《い》ったことがあったし、
給料《きゅうりょう》もよかったから。
一緒《いっしょ》に働《はたら》く人《ひと》たちがやさしく
机《つくえ》の上《うえ》で、
リボンやラッピング袋《ぶくろ》を
作《つく》るのが楽《たの》しそうだったから。

Q2 仕事《しごと》のどの部分《ぶぶん》にやりがいを感《かん》じていますか?

A デパートの支店名《してんめい》やブランド名《めい》とか、
仕事《しごと》のなかで出《で》てくる言葉《ことば》を
覚《おぼ》えるのが大変《たいへん》だったけど、
それを覚《おぼ》えるのが楽《たの》しい。
難《むずか》しい作業《さぎょう》が
努力《どりょく》してできるようになると
とてもうれしい。

Q3 給料《きゅうりょう》のおもな使《つか》い道《みち》は?

A 今《いま》は、アメリカへ行《い》くために
お金《かね》を貯《た》めてます。
iPhone《アイフォーン》を買《か》って
自分《じぶん》で通信費《つうしんひ》を払《はら》います。
仕事《しごと》が楽《たの》しくなるような
ペンや消《け》しゴムなど
ステーショナリー（文房具《ぶんぼうぐ》）を
買《か》い集《あつ》めています。

Q4 困《こま》ったことがあったときどうする?

A 職場《しょくば》で仲《なか》のいい友《とも》だちがいるので、
仕事《しごと》でわからないことを
聞《き》いたりします。
この前《まえ》も、健康診断《けんこうしんだん》に
もっていく物《もの》が何《なに》かを聞《き》きました。
わからないことがあったら勇気《ゆうき》を
だして聞《き》くことが一番早《いちばんはや》く解決《かいけつ》します。

Q5 将来《しょうらい》の夢《ゆめ》はなんですか?

A 結婚《けっこん》です。
いつになるかはわからないけど、
アメリカにいる彼氏《かれし》と
結婚《けっこん》するのが夢《ゆめ》です。
将来《しょうらい》はカリフォルニアで
家族《かぞく》と犬《いぬ》を飼《か》って暮《く》らしたいです。

上司《じょうし》から聞《き》きました

私《わたし》は「三越《みつこし》伊《い》勢《せ》丹《たん》ソレイユ」に
勤《つと》める人《ひと》たち全員《ぜんいん》に対《たい》して、
企業《きぎょう》の利益《りえき》のために
しっかりと働《はたら》いてほしいと
思《おも》っています。
朝礼《ちょうれい》でも「仕事《しごと》で手《て》をぬく人《ひと》は
帰《かえ》ってください」と
厳《きび》しく社員《しゃいん》に伝《つた》えています。
「障害《しょうがい》があるから」
という理由《りゆう》で
いい加減《かげん》な気持《きも》ちで
働《はたら》いてもらうわけには
いきませんから。

もちろん、そのために、
指導員《しどういん》が
しっかりお手伝《てつだ》いしますよ。
吉岡《よしおか》さんは
「三越《みつこし》伊《い》勢《せ》丹《たん》ソレイユ」の
戦力《せんりょく》になっています。
自分《じぶん》から仕事《しごと》を探《さが》して、
行動《こうどう》できるので、
会社《かいしゃ》としてもとても
助《たす》かっています。
吉岡《よしおか》さんはこれから
社員《しゃいん》のリーダーとして
成長《せいちょう》していってほしいですね。

考《かんが》えてみよう

吉岡《よしおか》さんはデパートの商品《しょうひん》を包《つつ》むリボンを作《つく》ったり、
伝票《でんぴょう》を整理《せいり》したり、
そのほかにもたくさんの仕事《しごと》をしています。
仕事《しごと》を覚《おぼ》えるために仕事《しごと》ノートを使《つか》って練習《れんしゅう》しました。
また、周《まわ》りの仲間《なかま》と励《はげ》ましあいながら、
がんばることができました。

Q1 できないことができるようになるには
どんな工夫《くふう》があると思《おも》いますか?

Q2 あなたには大切《たいせつ》な仲間《なかま》がいますか?
その人《ひと》はどんな人《ひと》ですか?

03 富士電機《ふじでんき》フロンティア

古沢大輔《ふるさわだいすけ》さん(28歳《さい》)

仕事内容《しごとないよう》 発電所《はつでんしょ》で使《つか》う部品《ぶひん》の検収《けんしゅう》（受《う》け入《い》れ）

*フォークリフトの運転《うんてん》だけでなく、34頁《ぺーじ》のような数多《かずおお》くの仕事《しごと》があります。それらも含《ふく》めて「机《つくえ》でする仕《し》事《ごと》(事務《じむ》)」に分類《ぶんるい》しています。

こんな人《ひと》におすすめ

- いろいろな種類《しゅるい》の仕事《しごと》がしたい
- 丁寧《ていねい》・安全《あんぜん》に作業《さぎょう》ができる

富士電機《ふじでんき》フロンティア
場所《ばしょ》:神奈川県川崎市《かながわけんかわさきし》
社員《しゃいん》:24名《めい》
(知的障害《ちてきしょうがい》のある本人《ほんにん》:20名《めい》)

[働《はたら》く日数《にっすう》]
週5日《しゅういつか》(休《やす》みは土曜《どよう》・日曜《にちよう》・祝日《しゅくじつ》)

[働《はたら》く時間《じかん》]
9:00〜17:30

[通勤《つうきん》]
グループホームから
歩《ある》いて通《かよ》っています。

ぼくの仕事《しごと》はフォークリフト

資格《しかく》をとってみないか？

「富士電機《ふじでんき》フロンティア」は神奈川県川崎市《かながわけんかわさきし》の工業地帯《こうぎょうちたい》にあります。ここはいろいろな企業《きぎょう》の工場《こうじょう》がたくさんある地域《ちいき》です。親会社《おやがいしゃ》である富士電機《ふじでんき》は発電所《はつでんしょ》で電気《でんき》を起《お》こすときに使《つか》う機械《きかい》をおもに作《つく》っています。富士電機《ふじでんき》フロンティアはその仕事《しごと》の一部《いちぶ》を行《おこな》っています。

古沢《ふるさわ》さんは特別支援学校《とくべつしえんがっこう》を卒業《そつぎょう》したあと、「富士電機《ふじでんき》フロンティア」に就職《しゅうしょく》しました。働《はたら》きはじめて4年間《ねんかん》は広《ひろ》い工場《こうじょう》を清掃《せいそう》する仕事《しごと》をしていました。そんなある日《ひ》、「たくさんの部品《ぶひん》をクレーン車《しゃ》で運《はこ》んでみたい」と古沢《ふるさわ》さんは思《おも》いました。そして、上司《じょうし》の西村《にしむら》さんに「クレーンの仕事《しごと》がしてみたいです」と伝《つた》えました。すると西村《にしむら》さんが古沢《ふるさわ》さんに「クレーン車《しゃ》の資格《しかく》はとてもむずかしいから、まずはフォークリフトの免許《めんきょ》をとってみたらどうだ？」と言《い》いました。それから、古沢《ふるさわ》さんは資格《しかく》を取《と》るために筆記《ひっき》テスト（学科《がっか》）の勉強《べんきょう》と、運転《うんてん》テスト（実技《じつぎ》）の練習《れんしゅう》をしました。両方《りょうほう》とも、西村《にしむら》さんが丁寧《ていねい》に教《おし》えてくれました。「勉強《べんきょう》しはじめたときは、内容《ないよう》がわからなくて頭《あたま》が痛《いた》くなりました」とそのころを振《ふ》りかえる古沢《ふるさわ》さん。そして2年後《ねんご》、古沢《ふるさわ》さんは見事《みごと》に試験《しけん》に合格《ごうかく》したのです。

職場《しょくば》の人間関係《にんげんかんけい》がよいのも富士《ふじ》電機《でんき》フロンティアの特徴《とくちょう》。みんないい気分《きぶん》で仕事《しごと》ができます。

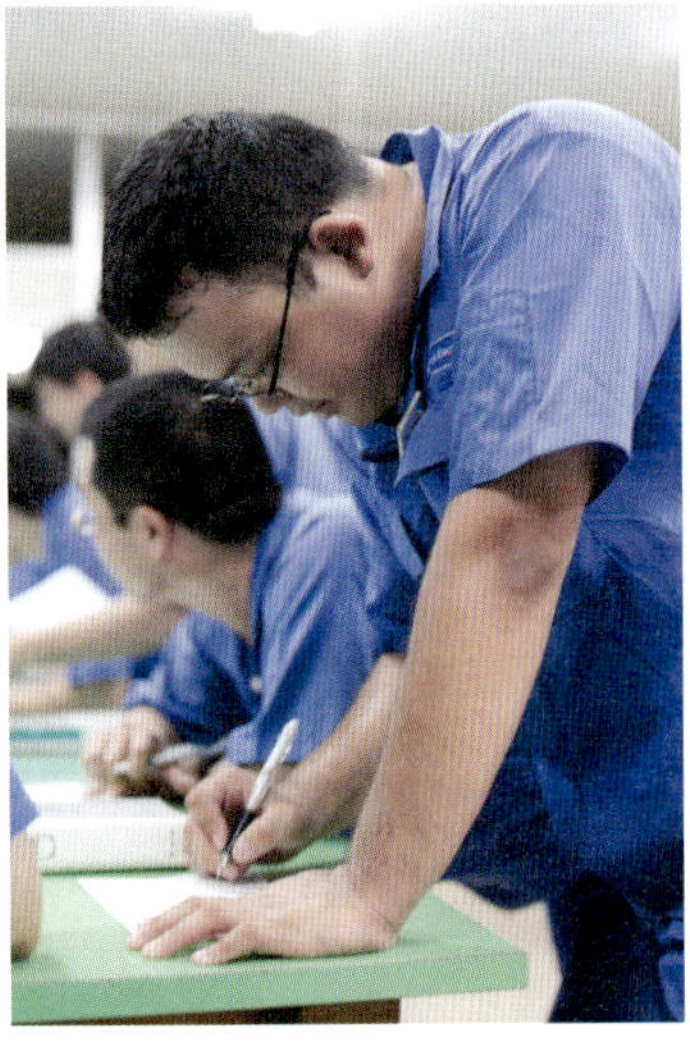

富士電機《ふじでんき》フロンティアでは、毎朝《まいあさ》、「計算問題《けいさんもんだい》」と「30回《かい》スクワット」を行《おこな》います。どんな仕事《しごと》も勉強《べんきょう》と体力《たいりょく》は大切《たいせつ》なのです。

もっと運転《うんてん》がうまくなりたい

やっと試験《しけん》に合格《ごうかく》した古沢《ふるさわ》さんですが、すぐにはフォークリフトの仕事《しごと》をさせてもらえませんでした。工場《こうじょう》の中《なか》にはたくさんの乗《の》り物《もの》が走《はし》っていて危《あぶ》ないので、練習《れんしゅう》が必要《ひつよう》だったのです。古沢《ふるさわ》さんは工場《こうじょう》の中《なか》で運転《うんてん》の練習《れんしゅう》を1年半《ねんはん》続《つづ》けました。

そして、やっと今《いま》の仕事《しごと》をさせてもらえるようになりました。古沢《ふるさわ》さんは社外《しゃがい》で作《つく》られた部品《ぶひん》の受《う》け入《い》れを行《おこ》なう「検収《けんしゅう》センター」というところで働《はたら》いています。部品《ぶひん》はトラックに載《の》せられてきます。それを降《お》ろして受《う》け入《い》れ検査《けんさ》を行《おこな》い、工場内《こうじょうない》に配送《はいそう》します。部品《ぶひん》というと小《ちい》さいと思《おも》うかもしれませんが、古沢《ふるさわ》さんが扱《あつか》う部品《ぶひん》は重《おも》かったり、数《かず》が多《おお》いので、フォークリフトという機械《きかい》を使《つか》って運《はこ》ぶのです。

「フォークリフトの仕事《しごと》がしたいと思《おも》ってから、運転《うんてん》させてもらえるまで、とても長《なが》かったです。でも、この仕事《しごと》はとても楽《たの》しいですし、もっとフォークリフトの運転《うんてん》を上手《じょうず》にできるようになりたいです」と話《はな》す古沢《ふるさわ》さん。これからも、安全《あんぜん》なフォークリフトの運転《うんてん》で会社《かいしゃ》に貢献《こうけん》していくつもりです。

古沢《ふるさわ》さんの仕事《しごと》の流《なが》れ

社外《しゃがい》で作《つく》られた部品《ぶひん》が運《はこ》ばれてきます。

トラックから部品《ぶひん》を降《お》ろします。

トラックから降《お》ろした部品《ぶひん》の受入検査《うけいれけんさ》を行《おこな》います。

「受入検査《うけいれけんさ》」の結果《けっか》をパソコンに入力《にゅうりょく》します。

受入検査《うけいれけんさ》を終了《しゅうりょう》したものを工場内《こうじょうない》に運《はこ》びます。

「富士電機《ふじでんき》フロンティア」の仕事《しごと》

「富士電機《ふじでんき》フロンティア」には古沢《ふるさわ》さんの仕事《しごと》のほかにもたくさんの仕事《しごと》があります。ここでは、一《ひと》つの仕事《しごと》をずっと続《つづ》けるのではなく、いろいろな仕事《しごと》を経験《けいけん》していくことで、スキルアップしていくことが目標《もくひょう》です。それが会社《かいしゃ》のために役立《やくだ》つことにつながるのです。ここでは、「富士電機《ふじでんき》フロンティア」の仕事《しごと》の一部《いちぶ》を紹介《しょうかい》します。

製本《せいほん》

工場《こうじょう》で作《つく》る製品《せいひん》の図面《ずめん》を本《ほん》にするためにのり付《つ》けして、製本《せいほん》していきます。

工場《こうじょう》で使《つか》う図面《ずめん》を見《み》やすいように整《ととの》える仕事《しごと》。紙《かみ》のあまった部分《ぶぶん》を切《き》り落《お》としています。

メール

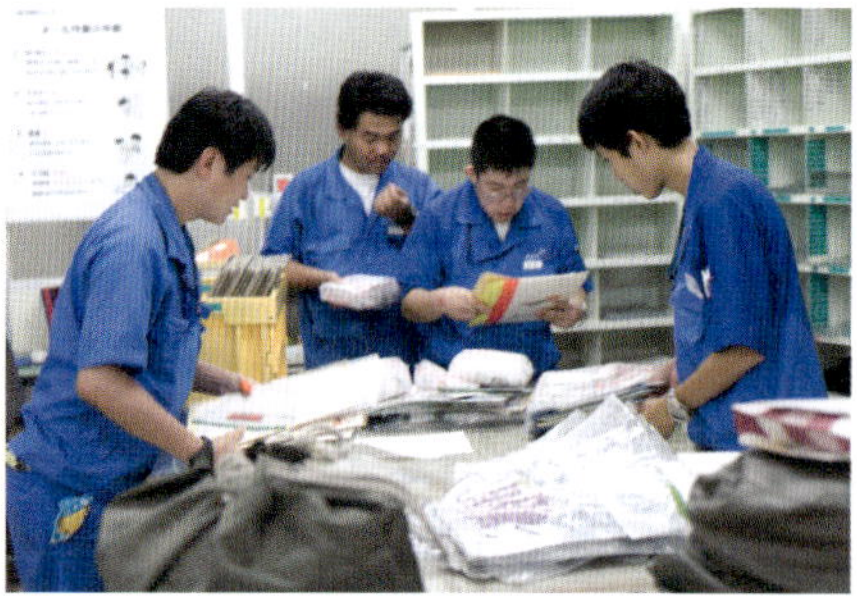

毎日《まいにち》、会社《かいしゃ》にはたくさんの郵便物《ゆうびんぶつ》が届《とど》きます。それらをそれぞれの部署《ぶしょ》ごとに仕分《しわ》けします。

整理《せいり》された郵便物《ゆうびんぶつ》を、今度《こんど》は社員一人《しゃいんひとり》ひとりに届《とど》けていきます。

清掃《せいそう》

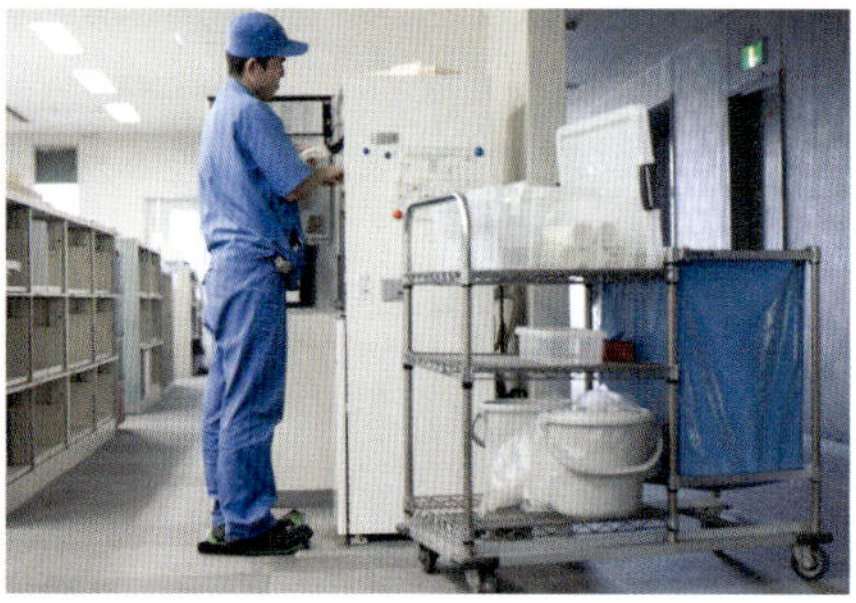

社内《しゃない》にある給茶器《きゅうちゃき》(水《みず》やお茶《ちゃ》が自動《じどう》で飲《の》める機械《きかい》)のカップを追加《ついか》したり、機械《きかい》のなかを掃除《そうじ》します。

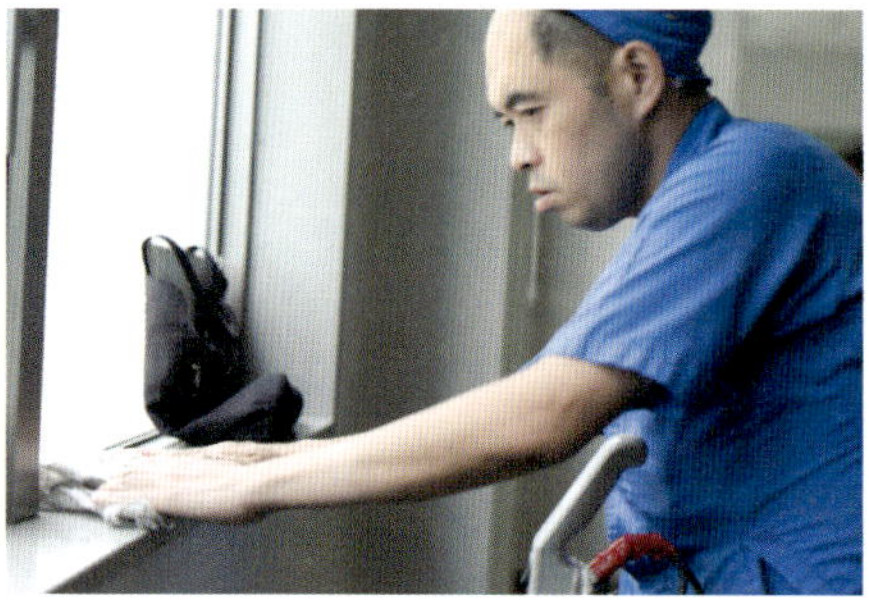

「富士電機《ふじでんき》」の工場《こうじょう》のなかの廊下《ろうか》やトイレを掃除《そうじ》します。

先輩《せんぱい》たちに聞《き》きました

Q1 この会社《かいしゃ》(仕事《しごと》)を選《えら》んだ理由《りゆう》は?

A もうここしかありませんでした。
いろいろな会社《かいしゃ》に実習《じっしゅう》に行《い》きましたが、
どこも仕事《しごと》が合《あ》わなくてダメでした。
学校《がっこう》の先生《せんせい》に「ここが最後《さいご》だぞ」と
言《い》われて実習《じっしゅう》に来《き》たのが今《いま》の会社《かいしゃ》です。
実習《じっしゅう》はきつかったけど、
最後《さいご》だからがんばりました。

Q2 仕事《しごと》のどの部分《ぶぶん》にやりがいを感《かん》じていますか?

A フォークリフトを持《も》ち上《あ》げるとき。
複雑《ふくざつ》な形《かたち》の部品《ぶひん》を安全《あんぜん》に持《も》ち上《あ》げて、
降《お》ろせたときにやりがいを感《かん》じます。
最初《さいしょ》は上手《うま》くできないことも
多《おお》かったですが、だんだんと上手《うま》く
できるようになってきました。もっと
上手《うま》くなりたいので、がんばります。

Q3 困《こま》ったり、悩《なや》んでいることはありますか?

A 仕事《しごと》で怒《おこ》られたとき。
仕事《しごと》でミスをして
こっぴどく怒《おこ》られたときは
「明日《あした》は会社《かいしゃ》に行《い》きたくないな」と
思《おも》ったこともありました。でも、
会社《かいしゃ》に行《い》かないと余計《よけい》怒《おこ》られるし、
「もう行《い》くしかない!」と心《こころ》に決《き》めて、
会社《かいしゃ》に行《い》きました。

Q4 給料《きゅうりょう》のおもな使《つか》い道《みち》は?

A ケータイ代《だい》、プラモデル、ゲーム。
ケータイ代《だい》は月《つき》に1万円《まんえん》くらい。
好《す》きなプラモデルを買《か》ったり、
新《あたら》しいゲームソフトが出《で》ると
買《か》います。
あと、会社《かいしゃ》の各《かく》グループで
貯金《ちょきん》をして、社内旅行《しゃないりょこう》に行《い》きます。

Q5 将来《しょうらい》の夢《ゆめ》はなんですか?

A 結婚《けっこん》したい。
好《す》きな人《ひと》ができたら、
その人《ひと》と結婚《けっこん》したいです。
でも、好《す》きな人《ひと》がいませんし、
出会《であ》いがないので、
「出会《であ》いの場《ば》」がほしいです。
会社《かいしゃ》は男性社員《だんせいしゃいん》ばかりなので…。

上司《じょうし》から聞《き》きました

古沢《ふるさわ》くんは自分《じぶん》の興味《きょうみ》のあることにはとても一生懸命《いっしょうけんめい》になる性格《せいかく》です。「クレーンの資格《しかく》がとりたい」と言《い》ってきたときに、私《わたし》も応援《おうえん》したくなりました。クレーンの資格《しかく》はむずかしいので、フォークリフトになりましたが、彼《かれ》もすごくがんばっていたし、

会社《かいしゃ》も古沢《ふるさわ》くんをサポートしました。「富士電機《ふじでんき》フロンティア」は社員《しゃいん》の「チャレンジしたい」という気持《きも》ちを大切《たいせつ》にする会社《かいしゃ》です。私《わたし》は社員《しゃいん》に「一人前《いちにんまえ》の社会人《しゃかいじん》」になってほしいと思《おも》っています。会社《かいしゃ》だけではなく、ふだんの生活《せいかつ》も大切《たいせつ》です。親元《おやもと》から離《はな》れた生活《せいかつ》（グループホームや一人暮《ひとりぐ》らし）、お金《かね》の使《つか》い方《かた》、仕事《しごと》以外《いがい》に好《す》きなことなど、社会人生活《しゃかいじんせいかつ》を続《つづ》けていくために、いろいろなことを勉強《べんきょう》して、経験《けいけん》していってほしいと思《おも》っています。最初《さいしょ》はうまくいかなかったり、思《おも》うようにできないこともあると思《おも》いますが、会社《かいしゃ》もあきらめないで教《おし》えていきます。

考《かんが》えてみよう

古沢《ふるさわ》さんは2年間勉強《ねんかんべんきょう》をして、
フォークリフトの資格《しかく》をとり、
今の仕事《しごと》に生《い》かしています。
仕事《しごと》でミスをして上司《じょうし》に怒《おこ》られても、
自分《じぶん》が選《えら》んだ仕事《しごと》なので、
ぐっとこらえて職場《しょくば》に行《い》くことがあったそうです。

Q1 あなたが得意《とくい》なことや詳《くわ》しいことは何《なん》ですか?

Q2 誰《だれ》かに注意《ちゅうい》されたり、失敗《しっぱい》したりしたとき、どのように気持《きも》ちを切《き》り替《か》えていますか?

04

東洋《とうよう》佐々木《ささき》ガラス・千葉工場《ちばこうじょう》

金澤高英《かなざわたかひで》さん(21歳《さい》)

仕事内容《しごとないよう》 手作《てづく》りのグラスをつくる

こんな人《ひと》におすすめ

- 手《て》でものを作《つく》るのが好《す》き
- 集中《しゅうちゅう》して作業《さぎょう》ができる

東洋《とうよう》佐々木《ささき》ガラス・千葉工場《ちばこうじょう》
場所《ばしょ》:千葉県《ちばけん》八千代市《やちよし》
社員《しゃいん》:325名《めい》
(知的障害《ちてきしょうがい》のある本人《ほんにん》:4名《めい》)

[働《はたら》く日数《にっすう》]
週《しゅう》5日《いつか》(休《やす》みは土曜《どよう》・日曜《にちよう》・祝日《しゅくじつ》)

[働《はたら》く時間《じかん》]
8:00〜16:20

[通勤《つうきん》]
家《いえ》から電車《でんしゃ》で通《かよ》っています。

ガラス職人《しょくにん》を目指《めざ》して

手作《てづく》りのグラスを作《つく》る仕事《しごと》

金澤《かなざわ》さんの朝《あさ》は早《はや》い。毎日《まいにち》4時《じ》には起《お》きて、
会社《かいしゃ》に行《い》く準備《じゅんび》をします。
自宅《じたく》から電車《でんしゃ》で通《かよ》っていて、
会社《かいしゃ》に着《つ》くのは7時《じ》すぎです。
金澤《かなざわ》さんが働《はたら》く
「東洋佐々木《とうようささき》ガラス・千葉工場《ちばこうじょう》」は
ガラス製品《せいひん》を作《つく》る工場《こうじょう》です。
ここで作《つく》られる製品《せいひん》のほとんどは
機械《きかい》で作《つく》られますが、
金澤《かなざわ》さんが所属《しょぞく》する
「クラフト係《かかり》1組《くみ》」は、すべて手作《てづく》りで
製品《せいひん》を作《つく》ります。
手作《てづく》りのガラスは一《ひと》つひとつ
丁寧《ていねい》に作《つく》られるので値段《ねだん》が高《たか》く、
どれも高級品《こうきゅうひん》です。
金澤《かなざわ》さんは「クラフト係《かかり》1組《くみ》」で
働《はたら》くようになって3年《ねん》。

年齢《ねんれい》も一番若《いちばんわか》いです。
金澤《かなざわ》さんは特別支援学校高等部《とくべつしえんがっこうこうとうぶ》のときに
実習《じっしゅう》で「東洋佐々木《とうようささき》ガラス」に来《き》ました。
実習《じっしゅう》ではおもに包装《ほうそう》
（商品《しょうひん》を紙《かみ》で包《つつ》んだり、箱《はこ》に入《い》れる）
の仕事《しごと》をしました。
そして、入社《にゅうしゃ》してからも
同《おな》じ仕事《しごと》をしていました。しかし、
職場《しょくば》になかなかなじめなかった金澤《かなざわ》さんは、
1年《ねん》たってから、「クラフト係《かかり》1組《くみ》」に
異動《いどう》することになりました。
金澤《かなざわ》さんの毎日《まいにち》は
「練習《れんしゅう》」からはじまります。
練習《れんしゅう》とは、仕事《しごと》がはじまる前《まえ》の
少《すこ》しの時間《じかん》だけやらせてもらえる
「輪吹《りんぶき》」という作業《さぎょう》のこと。
こうやって、時間《じかん》を見《み》つけて
金澤《かなざわ》さんは練習《れんしゅう》しています。
さあ、7時《じ》50分《ぷん》から
午前中《ごぜんちゅう》の仕事《しごと》がスタートです。

できあがったグラス。
ちなみに、この製品《せいひん》は
1《ひと》つ8000円《えん》。
クラフト（手作《てづく》り）
なので値段《ねだん》も高《たか》め。

吹《ふ》き竿《ざお》でガラスを吹《ふ》く金澤《かなざわ》さん。「少《すこ》しでも上達《じょうたつ》したい」と
毎朝早《まいあさはや》く出社《しゅっしゃ》して練習《れんしゅう》しています。

責任《せきにん》ある仕事《しごと》を任《まか》される

金澤《かなざわ》さんが働《はたら》く「クラフト係《かかり》1組《くみ》」は約《やく》10名《めい》。一人《ひとり》ひとり担当《たんとう》する作業《さぎょう》が決《き》まっていて、流《なが》れ作業《さぎょう》でガラスを作《つく》っていきます。

金澤《かなざわ》さんの担当《たんとう》は、

・まだ吹《ふ》き竿《ざお》にくっ付《つ》いているガラスを徐冷炉《じょれいろ》(冷《ひ》やす機械《きかい》)に運《はこ》ぶ

・吹《ふ》き竿《ざお》よりグラスを切《き》りはなし、それを徐冷炉《じょれいろ》に入《い》れる

・吹《ふ》き竿《ざお》に残《のこ》ったガラスを払《はら》い落《お》とす

の3《みっ》つ。「クラフト係1組《かかりいちくみ》」の最後《さいご》を締《し》めくくる重要《じゅうよう》な仕事《しごと》です。

1日《にち》で約《やく》500個《こ》のグラスが作《つく》られるので、気《き》を抜《ぬ》くことはできませんし、ずっと立《た》ちっぱなしの仕事《しごと》です。夏《なつ》には部屋《へや》の温度《おんど》は40度《ど》にもなります。体力《たいりょく》と集中力《しゅうちゅうりょく》がないとこの仕事《しごと》はできません。

それでも「いつか自分《じぶん》でグラスを作《つく》りたい」と語《かた》る金澤《かなざわ》さん。ガラス職人《しょくにん》への道《みち》はまだはじまったばかりです。

仕事《しごと》の流《なが》れ

1〜8を一人《ひとり》ひとり順番《じゅんばん》に作業《さぎょう》を進《すす》めながら、グラスを完成《かんせい》させていきます(流《なが》れ作業《さぎょう》)。

2 輪吹《りんぶき》
熱《ねつ》されたガラスのついた吹《ふ》き竿《ざお》を、下《した》にある型《かた》に入《い》れて、空気《くうき》を吹《ふ》き込《こ》む。

1 種巻《たねまき》
炉《ろ》の中《なか》に熱《ねつ》でドロドロになったガラスを吹《ふ》き竿《ざお》で巻《ま》き取《と》る。

8 製品運《せいひんはこ》び
形《かたち》のできあがったグラスを徐冷炉《じょれいろ》(冷《ひ》やす機械《きかい》)まで運《はこ》ぶ。

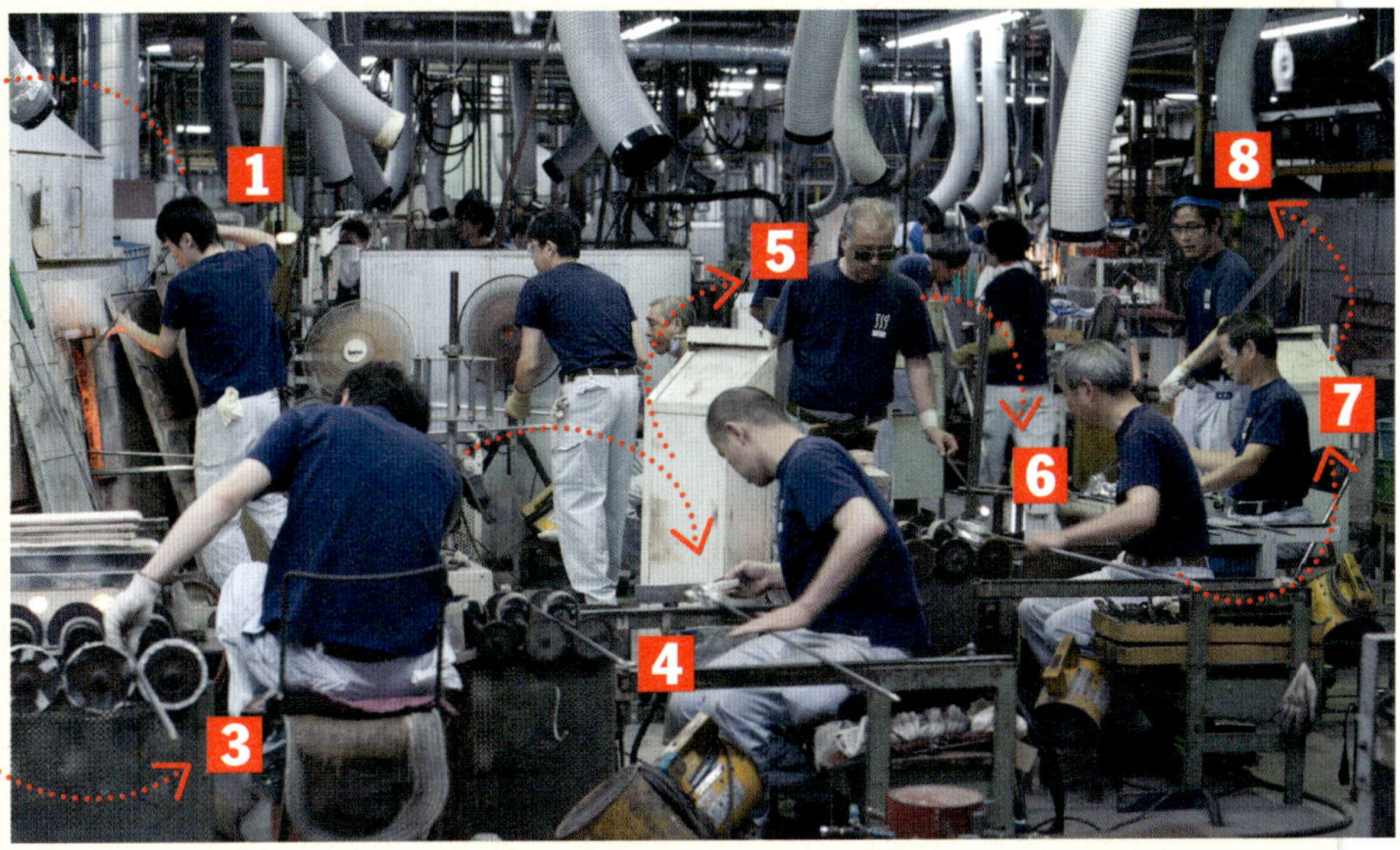

3 足焼《あしやき》
グラスの足《あし》(下《した》の部分《ぶぶん》)のガラスをもう一度《いちど》熱《ねつ》して、柔《やわ》らかくする。

4 足引《あしびき》
熱《ねっ》して、柔《やわ》らかくなったグラスの足《あし》を伸《の》ばし、形《かたち》を整《ととの》える。

5 台種付《だいだねづ》け
台種《だいだね》(グラスの底《そこ》の部分《ぶぶん》)の元《もと》となる熱《ねっ》したガラスをくっつける。

6 台広《だいひろ》げ
台種《だいだね》を平《ひら》たく伸《の》ばして形《かたち》をつくる。

7 台返《だいがえ》し
台座部分《だいざぶぶん》をきれいに整《ととの》える。

「東洋《とうよう》佐々木《ささき》ガラス・千葉《ちば》工場《こうじょう》」の一日《いちにち》

—こんな仕事《しごと》をしています

7:00

仕事《しごと》が始《はじ》まる前《まえ》の練習《れんしゅう》

これはグラスの底《そこ》を削《けず》って整《ととの》える作業《さぎょう》。

7:50

朝礼《ちょうれい》

朝礼《ちょうれい》は「クラフト係《かかり》1組《くみ》」で行《おこな》います。
その日《ひ》の作業《さぎょう》の説明《せつめい》がされ、
仕事《しごと》がスタートします。

10:00

午前《ごぜん》の作業《さぎょう》

できあがったグラスを徐冷炉《じょれいろ》に運《はこ》ぶ作業《さぎょう》。

11:30

昼食《ちゅうしょく》

社員食堂《しゃいんしょくどう》で昼食《ちゅうしょく》。
ボリューム
たっぷりで大満足《だいまんぞく》!

14:30

お茶《ちゃ》入《い》れ

職場《しょくば》で飲《の》む麦茶《むぎちゃ》を
入《い》れるのも金澤《かなざわ》さんの仕事《しごと》。
入《い》れ終《お》わると、
工場《こうじょう》の中《なか》にある休憩室《きゅうけいしつ》で
買《か》っておいた缶《かん》コーヒーを
飲《の》みます。

15:00

午後《ごご》の作業《さぎょう》

金澤《かなざわ》さんの仕事《しごと》は午前《ごぜん》も午後《ごご》も同《おな》じ作業《さぎょう》。
ミスがないように先輩《せんぱい》とコミュニケーションを
とりながら作業《さぎょう》を続《つづ》けます。

16:20

終業《しゅうぎょう》

先輩《せんぱい》たちに聞《き》きました

Q1 この会社《かいしゃ》(仕事《しごと》)を選《えら》んだ理由《りゆう》は?

A 最初《さいしょ》は包装《ほうそう》の仕事《しごと》がわかりやすいの
で、会社《かいしゃ》を決《き》めました。
仕事《しごと》をはじめたばかりのころは
とても緊張《きんちょう》しましたが、
先輩《せんぱい》が親切《しんせつ》に教《おし》えてくれました。
そのあと、今《いま》の仕事《しごと》に異動《いどう》しました。

Q2 仕事《しごと》のどの部分《ぶぶん》にやりがいを感《かん》じていますか?

A 1日《にち》の仕事《しごと》が終《お》わったときは
「今日《きょう》もやりとげた」と思《おも》います。
先輩《せんぱい》たちの作《つく》ったガラスを最後《さいご》に
預《あず》かるので、自分《じぶん》がミスはできません。
でも、任《まか》せてもらっていることが
うれしいです。
これが僕《ぼく》のやりがいです。

Q3 学生時代《がくせいじだい》と社会人《しゃかいじん》の違《ちが》いは?

A 実習《じっしゅう》のときと責任《せきにん》の大《おお》きさが違《ちが》います。
給料《きゅうりょう》をいただいているので、
休《やす》まず、ミスしても努力《どりょく》して
がんばる義務《ぎむ》があります。
でも、汗水流《あせみずなが》してもらった給料《きゅうりょう》は
とてもうれしいですよ!
自分《じぶん》でお金《かね》が使《つか》えるのも
うれしいです。

Q4 給料《きゅうりょう》のおもな使《つか》い道《みち》は?

A はじめての給料《きゅうりょう》は貯金《ちょきん》しました。
実家《じっか》にもお金《かね》を入《い》れています。
新《あたら》しいゲームソフトを買《か》います。
ポケモンやモンスターハンターです。
4歳年上《さいとしうえ》の兄《あに》とカラオケや映画《えいが》、
銭湯《せんとう》に行《い》くこともあります。
ストレス発散《はっさん》になっています。

Q5 将来《しょうらい》の夢《ゆめ》はなんですか?

A 今《いま》まで通《どお》り過《す》ごしていきたい。
僕《ぼく》は生活《せいかつ》のペースが
変化《へんか》するのが苦手《にがて》です。ありのままに、
自分《じぶん》のままに過《す》ごしていきたいです。
仕事《しごと》もまだ修行中《しゅぎょうちゅう》ですから、
上司《じょうし》から言《い》われたことを
何《なん》でもやっていきたいです。

上司《じょうし》から聞《き》きました

金澤《かなざわ》くんを採用《さいよう》した理由《りゆう》は
「元気《げんき》がある」
「あいさつやありがとうを
言《い》うことができる」
「人《ひと》の話《はなし》をしっかり
聞《き》くことができる」
の3《みっ》つでした。
「クラフト係《かかり》1組《くみ》」で
働《はたら》きはじめたころは
緊張《きんちょう》していましたが、今《いま》は
落《お》ちついて仕事《しごと》をしています。

急《きゅう》に会社《かいしゃ》を休《やす》んだり、
遅刻《ちこく》することがあると
職場《しょくば》の人《ひと》に迷惑《めいわく》がかかりますが、
金澤《かなざわ》くんは休《やす》まないし、
遅刻《ちこく》もしないので
職場《しょくば》の人《ひと》からも
信用《しんよう》されていますよ。
「新《あたら》しい仕事《しごと》に
チャレンジしたい」
気持《きも》ちが強《つよ》いので、
先輩《せんぱい》たちから次《つぎ》のステップの
仕事《しごと》を教《おそ》わっているようです。
また、この前《まえ》、金澤《かなざわ》くんは
「職能資格制度《しょくのうしかくせいど》」という
試験《しけん》にも合格《ごうかく》して
給料《きゅうりょう》があがりました。
やる気《き》があるのですね。
ガラス職人《しょくにん》にとって
一番大切《いちばんたいせつ》なのは
「いい品物《しなもの》を作《つく》りたい」
という強《つよ》い気持《きも》ちです。
これからも金澤《かなざわ》くんには
期待《きたい》しています。

考《かんが》えてみよう

金澤《かなざわ》さんはガラスをつくる会社《かいしゃ》で、
クラフト（手《て》づくり）のガラスを作《つく》っています。
チームで仕事《しごと》をするので、金澤《かなざわ》さんが休《やす》んだらたいへんです。
ほかの人《ひと》に迷惑《めいわく》がかかるかもしれません。
それだけ、金澤《かなざわ》さんはチームの中《なか》にいなくては
ならないメンバーなのです。

Q1 今《いま》まであなたが一番《いちばん》責任《せきにん》を感《かん》じたことは何《なん》ですか？

Q2 金澤《かなざわ》さんは遅刻《ちこく》しないため朝《あさ》4時《じ》に起《お》きています。あなたならどうやって早起《はやお》きしますか？

05

銀座《ぎんざ》あけぼの・忠生工場《ただおこうじょう》

工藤里美《くどうさとみ》さん（27歳《さい》）

仕事内容《しごとないよう》 銀座《ぎんざ》あけぼので販売《はんばい》されているお菓子作《かしづく》り。

こんな人《ひと》におすすめ

- お菓子作《かしづく》りが好《す》き
- 細《こま》かい作業《さぎょう》を繰《く》りかえしできる

銀座《ぎんざ》あけぼの・忠生工場《ただおこうじょう》
場所《ばしょ》：東京都町田市《とうきょうとまちだし》
社員《しゃいん》：正社員《せいしゃいん》6名《めい》　準社員《じゅんしゃいん》12名《めい》
パート・アルバイト5名《めい》
（知的障害《ちてきしょうがい》のある本人《ほんにん》：12名《めい》）

[働《はたら》く日数《にっすう》]
週《しゅう》5日《いつか》
（休《やす》みは土曜《どよう》・日曜《にちよう》・祝日《しゅくじつ》）

[働《はたら》く時間《じかん》]
8:45〜16:00

[通勤《つうきん》]
自宅《じたく》からバスを乗《の》り継《つ》いで通勤《つうきん》しています。

チャレンジ大好《だいす》きな元気娘《げんきむすめ》

職場《しょくば》で頼《たよ》りにされる存在《そんざい》

「銀座《ぎんざ》あけぼの」はデパートなどにお店《みせ》を出《だ》すお菓子屋《かしや》さんです。

お店《みせ》にはもなか・大福《だいふく》などたくさんの和菓子《わがし》が売《う》られています。

工藤《くどう》さんは「銀座《ぎんざ》あけぼの」の和菓子《わがし》を作《つく》っている忠生工場《ただおこうじょう》で働《はたら》いています。

入社《にゅうしゃ》してからもう8年《ねん》がすぎました。

今《いま》では、工場《こうじょう》で作《つく》られるほとんどのお菓子《かし》作《づく》りを経験《けいけん》し、

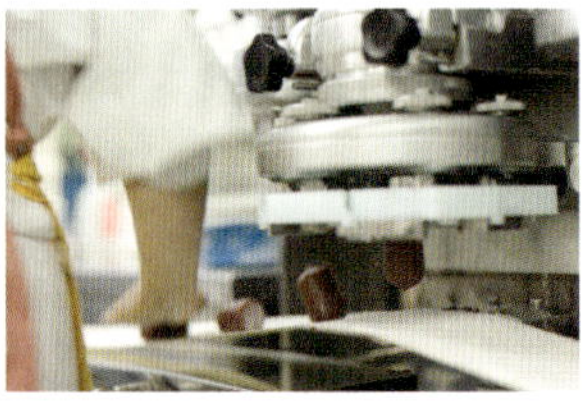

機械《きかい》から出《で》てきた「福々芋《ふくふくいも》」の餡《あん》を一《ひと》つひとつ同《おな》じ形《かたち》に整《ととの》える工藤《くどう》さん。

職場《しょくば》では頼《たよ》りにされる存在《そんざい》です。

工藤《くどう》さんは特別支援学校《とくべつしえんがっこう》に通《かよ》っているころ、「銀座《ぎんざ》あけぼの」と関《かか》わりのある社会福祉法人《しゃかいふくしほうじん》「愛《あい》の鈴《すず》」の作業所《さぎょうじょ》に実習《じっしゅう》に行《い》きました。

そこで、商品《しょうひん》の袋詰《ふくろづ》め、シール貼《は》りなどの仕事《しごと》をしました。

そして卒業後《そつぎょうご》、工藤《くどう》さんは「銀座《ぎんざ》あけぼの」に就職《しゅうしょく》することになりました。

もともといろいろなことにチャレンジすることが好《す》きな工藤《くどう》さん。

ある日《ひ》、工場長《こうじょうちょう》の渋谷《しぶや》さんから「工藤《くどう》さん、『福々芋《ふくふくいも》』を担当《たんとう》してみない？」と言《い》われました。もちろん工藤《くどう》さんは「はい！　やってみたいです」と返事《へんじ》をしました。「福々芋《ふくふくいも》」は、秋《あき》に販売《はんばい》される「銀座《ぎんざ》あけぼの」のヒット商品《しょうひん》。

工藤《くどう》さんの新《あたら》しいチャンレジがはじまりました。

職場《しょくば》のようす。忠生工場《ただおこうじょう》では12人《にん》の知的障害《ちてきしょうがい》のある人《ひと》とスタッフが働《はたら》いています。

一《ひと》つひとつきれいに並《なら》べるのが重要《じゅうよう》。そうしないと焼《や》きあがりがバラバラになってしまい、売《う》り物《もの》になりません。

「福々芋《ふくふくいも》」を1日《にち》1000個《こ》

「福々芋《ふくふくいも》」は機械《きかい》を使《つか》って作《つく》ります。
しかも、この機械《きかい》は
「組《く》み立《た》て式《しき》」なので、
毎日《まいにち》機械《きかい》を組《く》み立《た》てなくてはなりません。
「最初《さいしょ》は自信《じしん》がありませんでした。
機械《きかい》の組《く》み立《た》てを
覚《おぼ》えるのがたいへんでした。
でも渋谷《しぶや》さんが丁寧《ていねい》に教《おし》えてくれました」
工藤《くどう》さんは工場長《こうじょうちょう》の渋谷《しぶや》さんが
教《おし》えるとおりに
何度《なんど》も何度《なんど》もやってみました。
すると、だんだんとできるように
なってきました。
しかし、次《つぎ》にたいへんなのは、
機械《きかい》から出《で》てきたお菓子《かし》の形《かたち》を整《ととの》えて、
箱《はこ》に入《い》れる作業《さぎょう》です。
午前中《ごぜんちゅう》の3時間《じかん》はずっと集中《しゅうちゅう》して、
この作業《さぎょう》を続《つづ》けなくてはなりません。
1日約《にちやく》1000個《こ》を作《つく》るのです。
「できなかったことができるように
なるのがうれしいです。
また他《ほか》の仕事《しごと》もチャレンジしたい」と
話《はな》す工藤《くどう》さん。
「福々芋《ふくふくいも》」を作《つく》る姿《すがた》は
まるで職人《しょくにん》のようです。
これから工藤《くどう》さんはどんなチャレンジを
していくのでしょうか。
楽《たの》しみですね。

工藤《くどう》さんの仕事《しごと》の流《なが》れ
――「福々芋《ふくふくいも》」ができるまで

スタート!

機械《きかい》にはたくさんの
部品《ぶひん》があります。

一《ひと》つひとつ
決《き》まった場所《ばしょ》に部品《ぶひん》を
はめ込《こ》んでいきます。

機械《きかい》の組《く》み立《た》てが
終《お》わりました。

餡《あん》と生地《きじ》を機械《きかい》の上《うえ》に入《い》
れます。

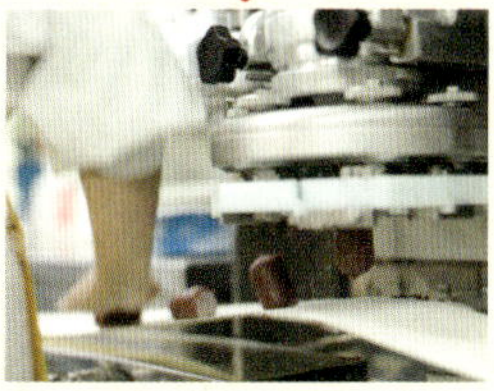

餡《あん》が生地《きじ》に包《つつ》まれて、
どんどん出《で》てきます。

一《ひと》つひとつ形《かたち》を整《ととの》えて
いきます。

さらに平《ひら》べったくして、
できあがり。

完成!

袋《ふくろ》に入《い》れて
「福々芋《ふくふくいも》」の完成《かんせい》です。

「銀座《ぎんざ》あけぼの・忠生工場《ただおこうじょう》」の一日《いちにち》—こんな仕事《しごと》をしています

9:00

午前《ごぜん》の作業《さぎょう》

午前中《ごぜんちゅう》はお菓子《かし》作《づく》り。それぞれの担当《たんとう》に分《わ》かれて、作業《さぎょう》を進《すす》めていきます。

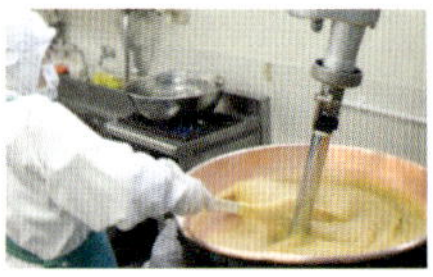

12:00

昼食《ちゅうしょく》

昼食《ちゅうしょく》は事務所《じむしょ》のなかで食《た》べます。
お弁当《べんとう》を注文《ちゅうもん》する人《ひと》がいたり、
自分《じぶん》のお弁当《べんとう》を食《た》べる人《ひと》もいます。

12:30

先輩《せんぱい》とゲーム

昼休《ひるやす》みにニンテンドーDS《ディーエス》の
「ポケットモンスター」をする工藤《くどう》さん。
ちなみに、先輩《せんぱい》の山川《やまかわ》さんはDS仲間《ディーエスなかま》。
同《おな》じソフトをやっていて、
いつも情報交換《じょうほうこうかん》をしています。

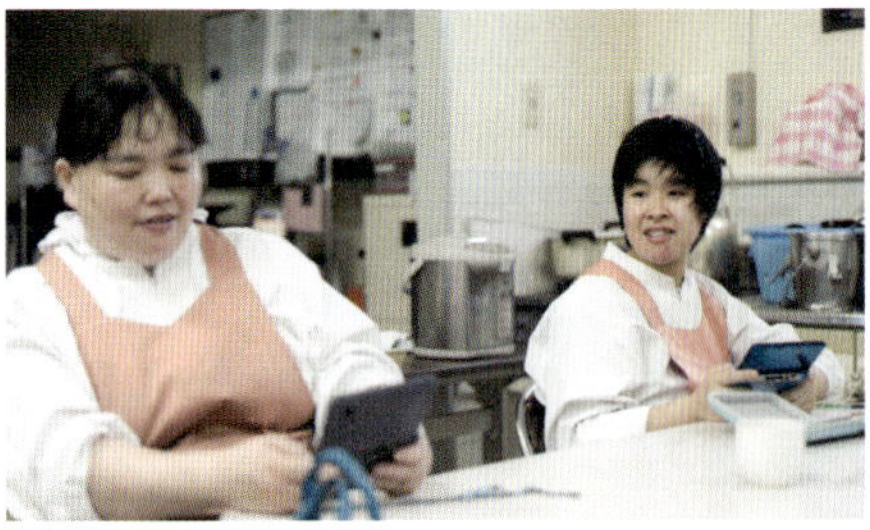

13:00

午後《ごご》の作業《さぎょう》

午後《ごご》はアイスキャンデーの袋詰《ふくろづ》め作業《さぎょう》。
「銀座《ぎんざ》あけぼの」には、ミルク・チョコ・小倉《おぐら》・抹茶《まっちゃ》・あんず・いちごの6種類《しゅるい》のアイスキャンデーがあります。

工場《こうじょう》の中《なか》ではいつも「清潔《せいけつ》」に

食品《しょくひん》を製造《せいぞう》する会社《かいしゃ》で一番大切《いちばんたいせつ》なのは
「清潔《せいけつ》」でいること。なぜなら、
お客様《きゃくさま》に食《た》べてもらう
商品《しょうひん》に髪《かみ》の毛《け》やゴミが入《はい》ったら
クレームがきます。働《はたら》いている会社《かいしゃ》が
信頼《しんらい》してもらえなくなり、
同僚《どうりょう》の人《ひと》たちに迷惑《めいわく》がかかるのです。
工藤《くどう》さんも職場《しょくば》で「清潔《せいけつ》」で
いることをいつも心《こころ》がけています。

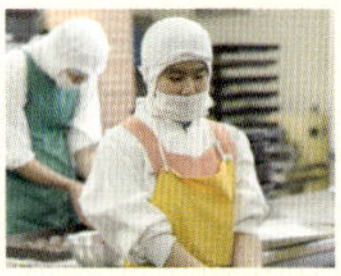

工場《こうじょう》の中《なか》ではかならず
作業着《さぎょうぎ》を着《き》て、
帽子《ぼうし》やマスクをして
仕事《しごと》をします。

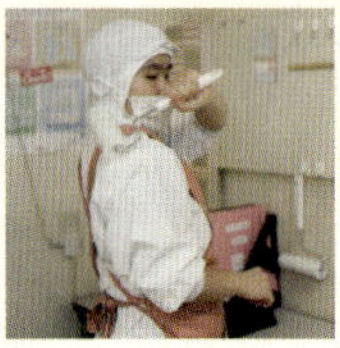

お菓子《かし》を作《つく》る
部屋《へや》に入《はい》るときは、
かならず作業着《さぎょうぎ》に
ローラーをかけて
小《ちい》さなゴミをとります。

16:00

終業《しゅうぎょう》

先輩《せんぱい》たちに聞《き》きました

Q3 学生時代《がくせいじだい》と社会人《しゃかいじん》の違《ちが》いは？

A 私《わたし》は朝《あさ》が苦手《にがて》なので、慣《な》れるまでに苦労《くろう》しました。出社《しゅっしゃ》するのがギリギリになったことがあって、注意《ちゅうい》されたので、それからは余裕《よゆう》をもって出社《しゅっしゃ》するようにしています。仕事《しごと》をするとき、生活《せいかつ》のリズムが大切《たいせつ》だと思《おも》います。

Q4 給料《きゅうりょう》のおもな使《つか》い道《みち》は？

A 生活費《せいかつひ》として家《いえ》に入《い》れています。その中《なか》で、1カ月《いっかげつ》に1500円《えん》は趣味《しゅみ》につかうことにしています。趣味《しゅみ》はカード集《あつ》めとゲーム、音楽《おんがく》を聴《き》くことです。それと、お金《かね》を貯《た》めて、いつか旅行《りょこう》をしていろいろな場所《ばしょ》へ行《い》ってみたいです。

Q5 困《こま》ったときは誰《だれ》に相談《そうだん》しますか？

A 自分《じぶん》じゃないのですが、職場《しょくば》でもめごとがあって、それを見《み》ているのがつらかったです。そのときは工場長《こうじょうちょう》の渋谷《しぶや》さんに相談《そうだん》しました。「それは工藤《くどう》さんのせいじゃないよ」と言《い》ってくれて安心《あんしん》しました。

Q1 この会社《かいしゃ》（仕事《しごと》）を選《えら》んだ理由《りゆう》は？

A 特別支援学校《とくべつしえんがっこう》の先生《せんせい》の紹介《しょうかい》です。はじめて実習《じっしゅう》に来《き》たときは慣《な》れないことをたくさんするので、たいへんだなと思《おも》いました。でも、給料《きゅうりょう》もよかったし、職場《しょくば》が家《いえ》から近《ちか》かったので、ここで働《はたら》こうと思《おも》いました。

Q2 仕事《しごと》のどの部分《ぶぶん》にやりがいを感《かん》じていますか？

A 「福々芋《ふくふくいも》」は秋《あき》にたくさん作《つく》るので、秋《あき》が近《ちか》づくと「やるぞ!」と気合《きあ》いが入ります。ずっと集中《しゅうちゅう》しなくちゃいけないからたいへんなんだけど、作《つく》り終《お》えると「やった!」って思《おも》います。それがやりがいだと思《おも》います。

上司《じょうし》から聞《き》きました

工藤《くどう》さんは職場《しょくば》の
ムードメーカーです。
いつも元気《げんき》で、あいさつも
しっかりしてくれます。
手先《てさき》が器用《きよう》で、仕事《しごと》も早《はや》いので、
「福々芋《ふくふくいも》」の作業《さぎょう》は
とてもむずかしいのですが、
彼女《かのじょ》に任《まか》せています。
また、そのほかのお菓子作《かしづく》りの
仕事《しごと》もほとんどこなせるので、
人手《ひとて》が足《た》りなかったり、
忙《いそが》しかったりすると
つい「これお願《ねが》い！」と工藤《くどう》さんに
お願《ねが》いしてしまいます。
でも、ときどき
気分《きぶん》が乗《の》らない日《ひ》も
あるみたいなので、
毎日同《まいにちおな》じペースで
仕事《しごと》をするのが、
彼女《かのじょ》の課題《かだい》かもしれません。
それから、彼女《かのじょ》は
人一倍《ひといちばい》、責任感《せきにんかん》が強《つよ》いので、
ときには肩《かた》の力《ちから》を抜《ぬ》くことも
大事《だいじ》だと思《おも》います。
職場《しょくば》のみんなに伝《つた》えているのは
「仕事《しごと》をするうえで
健康《けんこう》でいることが大切《たいせつ》」
ということです。
一人《ひとり》が休《やす》むと、ほかの人《ひと》たちが
それをカバーしなくては
なりません。
彼女《かのじょ》にも、
健康《けんこう》には十分気《じゅうぶんき》をつけながら、
これからも元気《げんき》な姿《すがた》を見《み》せて
ほしいと思《おも》っています。

考《かんが》えてみよう

工藤《くどう》さんは和菓子《わがし》を作《つく》る
工場《こうじょう》で働《はたら》いています。
食《た》べ物《もの》をあつかう仕事《しごと》で大切《たいせつ》なことは
「清潔《せいけつ》」にすることです。
工藤《くどう》さんも食《た》べ物《もの》を作《つく》る部屋《へや》に入《はい》る前《まえ》には
かならずマスクをして、
ローラーで小《ちい》さなゴミをとっています。

Q1 「清潔《せいけつ》」でいるために、
気《き》をつけたいことは何《なん》ですか?

Q2 そのほか、普段《ふだん》あなたは身《み》だしなみで
どんなことに気《き》をつけていますか?

06 ワークトピアあすか三笠《みかさ》

倉知春美《くらちはるみ》さん（46歳《さい》）

仕事内容《しごとないよう》　梅干《うめぼ》し、ブルーベリージャム、すももジャムなどを生産《せいさん》する作業《さぎょう》。梅《うめ》、ブルーベリー、すももの栽培《さいばい》も行《おこな》っている。

こんな人《ひと》におすすめ

- 自然《しぜん》とふれあうのが好《す》き
- 体力《たいりょく》がある

ワークトピアあすか三笠《みかさ》
場所《ばしょ》：北海道三笠市《ほっかいどうみかさし》
社員《しゃいん》：106名《めい》（知的障害《ちてきしょうがい》や精神障害《せいしんしょうがい》のある本人《ほんにん》：44名《めい》）

[働《はたら》く日数《にっすう》]
週5日《しゅういつか》（休《やす》みは土曜《どよう》・日曜《にちよう》・祝日《しゅくじつ》）

[働《はたら》く時間《じかん》]
9:00～15:00

[通勤《つうきん》]
自宅《じたく》や最寄《もよ》りの駅《えき》からの送迎《そうげい》です。

つらいことも、楽《たの》しいこともありながら

北海道《ほっかいどう》の自然《しぜん》の中《なか》で仕事《しごと》をする

北海道《ほっかいどう》は豊《ゆた》かな自然《しぜん》がいっぱいで、
都会《とかい》に比《くら》べて空気《くうき》がとてもきれいです。
倉知春美《くらちはるみ》さんが働《はたら》く
「ワークトピアあすか三笠《みかさ》」は
もともと違《ちが》う名前《なまえ》の会社《かいしゃ》でしたが、
3年前《ねんまえ》に倒産《とうさん》してしまいました。
そこで札幌《さっぽろ》にある「社会福祉法人明日佳《しゃかいふくしほうじんあすか》」が
その会社《かいしゃ》を買《か》い取《と》り、
2010年《ねん》6月《がつ》にできたのが

「ワークトピアあすか三笠《みかさ》」の
人たちは、豊《ゆた》かな自然《しぜん》と、
ゆったりした雰囲気《ふんいき》のなかで
仕事《しごと》をしています。

「ワークトピアあすか三笠《みかさ》」です。
「ワークトピアあすか三笠《みかさ》」では現在《げんざい》、
梅干《うめぼ》しをはじめ、
ブルーベリーやすももをつかった
ジャムなどを生産《せいさん》しています。
北海道《ほっかいどう》は11月《がつ》に入《はい》ると雪《ゆき》が降《ふ》りはじめます。
とくに三笠市《みかさし》は多《おお》いときで
雪《ゆき》が2メートルくらい積《つ》もります。
そのため、たとえば、ブルーベリーの木《き》は
「冬囲《ふゆがこ》い」をします。
ブルーベリーの木《き》の枝《えだ》を束《たば》ねて
幹《みき》にしばりつけます。
こうすると、雪《ゆき》が枝《えだ》や葉《は》に積《つ》もらず、
雪《ゆき》の重《おも》さで枝《えだ》が折《お》れなくなるのです。
倉知《くらち》さんはブルーベリーの木《き》の
「冬囲《ふゆがこ》い」を担当《たんとう》しています。
ほかの同僚《どうりょう》たちと一緒《いっしょ》に
1本1本《いっぽんいっぽん》作業《さぎょう》をしますが、
女性《じょせい》の倉知《くらち》さんにとっては
体力的《たいりょくてき》にきびしい仕事《しごと》のようです。

「ワークトピアあすか三笠《みかさ》」にある
ブルーベリーの木《き》。全部《ぜんぶ》で2000本《ぼん》あります。

「冬囲《ふゆがこ》い」のようす。2人一組《ふたりひとくみ》になって、
枝《えだ》を木《き》の幹《みき》にしばっていきます。

苦労《くろう》したから、今《いま》がある

倉知《くらち》さんは中学《ちゅうがく》1年生《ねんせい》まで
普通学級《ふつうがっきゅう》で授業《じゅぎょう》を受《う》けていました。しかし、
だんだん授業《じゅぎょう》についていけなくなり、
中学《ちゅうがく》2年生《ねんせい》から特別支援学級《とくべつしえんがっきゅう》に移《うつ》り、
高校《こうこう》は特別支援学校《とくべつしえんがっこう》に進《すす》みました。
卒業後《そつぎょうご》、会社《かいしゃ》に勤《つと》めましたが、

刈《か》りとったブルーベリーの葉《は》を運《はこ》んでいます。
この仕事《しごと》には体力《たいりょく》が必要《ひつよう》です。

2年間《ねんかん》で辞《や》めました。その後《ご》、
クリーニング屋《や》で仕事《しごと》をしながら、
グループホームで暮《く》らしました。
一人《ひとり》でアパート暮《く》らしを
したこともあります。

そして、33歳《さい》のときに、
親《おや》の紹介《しょうかい》でお見合《みあ》いした男性《だんせい》と
結婚《けっこん》することになりました。倉知《くらち》さんは
結婚《けっこん》と同時《どうじ》にクリーニング屋《や》を辞《や》めました。

それから13年間《ねんかん》。倉知《くらち》さんはずっと
家《いえ》で家事《かじ》をしていましたが、
自分《じぶん》で使《つか》えるお金《かね》がほしいので、
働《はたら》こうと思《おも》いました。
倉知《くらち》さんはホテルの清掃《せいそう》の仕事《しごと》を
はじめましたが、2カ月経《かげつた》ってから
辞《や》めました。職場《しょくば》の人《ひと》との
人間関係《にんげんかんけい》がうまくいかなくなったからです。

倉知《くらち》さんは新《あたら》しい仕事《しごと》を探《さが》しに
町《まち》のハローワークに行《い》き、
「ワークトピアあすか三笠《みかさ》」を
紹介《しょうかい》してもらいました。
もともと身体《からだ》が弱《よわ》い倉知《くらち》さんにとって、
仕事《しごと》がつらくなるときもあります。

それでも、生活《せいかつ》ぜんぶが
苦《くる》しいわけではありません。
「仕事《しごと》では迷惑《めいわく》かけることも多《おお》いけど、
旦那《だんな》さんと飼《か》っている犬《いぬ》を連《つ》れて
休日《きゅうじつ》にドライブに行《い》くのが楽《たの》しみです」
旦那《だんな》さんの話《はなし》をするときの
倉知《くらち》さんの笑顔《えがお》は輝《かがや》いています。

これまで倉知《くらち》さんは
たくさんの仕事《しごと》を経験《けいけん》してきました。
また、グループホーム、一人暮《ひとりぐら》らしも
経験《けいけん》しました。
これまでたくさんの苦労《くろう》がありました。
旦那《だんな》さんはこう言《い》ってくれます。
「春美《はるみ》は春美《はるみ》のままでいいんだよ」
倉知《くらち》さんは今日《きょう》もがんばろうと思《おも》うのです。

ブルーベリージャムを作《つく》るときに
つかった鍋《なべ》を洗《あら》う倉知《くらち》さん。

「ワークトピアあすか三笠《みかさ》」の一日《いちにち》 —こんな仕事《しごと》をしています

9:30

栗拾《くりひろ》い

「ワークトピアあすか三笠《みかさ》」の近《ちか》くには
栗《くり》の木《き》がたくさん植《う》わっているので、
秋《あき》には栗拾《くりひろ》いをします。この栗《くり》をつかって、
パンやお菓子《かし》を作《つく》ります。

10:30

草《くさ》むしり

ブルーベリー畑《はたけ》の
草《くさ》むしりをしているようす。

12:00

昼食《ちゅうしょく》

昼食《ちゅうしょく》は自宅《じたく》から持《も》ってきたお弁当《べんとう》。
事務所《じむしょ》でみんな一緒《いっしょ》に食《た》べます。

14:00

ジャムづくり

ブルーベリーをしっかりと煮込《にこ》みます。
一《ひと》つひとつ丁寧《ていねい》に、瓶《びん》に入《い》れていきます。

15:00

終業《しゅうぎょう》

商品紹介《しょうひんしょうかい》

冷凍《れいとう》ブルーベリー(200グラム) 400円《えん》

冷凍《れいとう》した大粒《おおつぶ》の
ブルーベリー。
甘酸《あまず》っぱくて、
シャリシャリして
おいしい。お菓子《かし》
作《つく》りにもどうぞ。

ブルーベリージャム 300円《えん》
すももジャム 200円《えん》

どちらも甘《あま》さは
ひかえめ。
果物《くだもの》の香《かお》りが
口《くち》いっぱいに
広《ひろ》がる
おいしいジャム。

梅干《うめぼ》し 500円《えん》

甘《あま》さたっぷりの
梅干《うめぼ》し。
酸《す》っぱいのが
苦手《にがて》な人《ひと》でも
おいしく
食《た》べられます。

先輩《せんぱい》たちに聞《き》きました

Q1 この会社《かいしゃ》(仕事《しごと》)を選《えら》んだ理由《りゆう》は?

A 前《まえ》の仕事《しごと》はホテルの清掃《せいそう》でした。
私《わたし》はふつうよりも作業《さぎょう》が
ゆっくりだから、先輩《せんぱい》から
いろいろなことを言《い》われました。
辛《つら》かったので辞《や》めました。
そのあと、ハローワークに行《い》って、
今《いま》の職場《しょくば》を紹介《しょうかい》してもらいました。

Q2 困《こま》ったときは誰《だれ》に相談《そうだん》しますか?

A 昔《むかし》からの友人《ゆうじん》にメールで相談《そうだん》します。
すぐに返事《へんじ》が返《かえ》ってくるから
うれしいです。
お母《かあ》さんにも相談《そうだん》します。
お母《かあ》さんはやさしくアドバイスを
くれるので安心《あんしん》して自分《じぶん》の気持《きも》ちが
話《はな》せます。

Q3 給料《きゅうりょう》のおもな使《つか》い道《みち》は?

A 生活費《せいかつひ》に使《つか》っています。
旦那《だんな》さんも年齢《ねんれい》が高《たか》くなってきて、
給料《きゅうりょう》が少《すく》なくなってきました。
だから、給料《きゅうりょう》は生活費《せいかつひ》に
使《つか》っています。今《いま》の仕事《しごと》を
辞《や》めると生活費《せいかつひ》がきびしいので、
仕事《しごと》はできるだけ長《なが》く
続《つづ》けたいと思《おも》います。

私《わたし》の結婚生活《けっこんせいかつ》

私《わたし》には11歳年上《さいとしうえ》の旦那《だんな》さんがいます。
今《いま》は解体屋《かいたいや》(建物《たてもの》を壊《こわ》す仕事《しごと》)をしています。
結婚《けっこん》して13年《ねん》になります。
結婚《けっこん》してよかったことは、
女性《じょせい》ができないことをしてくれることです。
たとえば、雪《ゆき》かきをしてくれます。
北海道《ほっかいどう》は雪《ゆき》が多《おお》いので女性一人《じょせいひとり》では
雪《ゆき》かきができません。私《わたし》がけがをしたときも、
料理《りょうり》をしたり、重《おも》いものを持《も》ってくれます。
体調《たいちょう》が悪《わる》いときも心配《しんぱい》してくれます。
けんかもするけど、お互《たが》いに言《い》い争《あらそ》うのが
きらいだから、すぐに仲直《なかなお》りします。
旦那《だんな》さんは付《つ》き合《あ》いはじめたころ、
タバコを1日《にち》60本《ぽん》(3箱《はこ》)
吸《す》っていましたが、私《わたし》はタバコの煙《けむり》が
苦手《にがて》だから、今《いま》では1日《にち》5本《ほん》くらいに
減《へ》らしてくれました。
男性《だんせい》はやさしいほうがいいですよ。
でも、やさしすぎると何《なん》でも旦那《だんな》さんに
頼《たよ》ってしまうから、自分《じぶん》では
頼《たよ》りすぎないように気《き》をつけています。
休日《きゅうじつ》の楽《たの》しみは旦那《だんな》さんと犬《いぬ》を連《つ》れて
ドライブに行《い》くことです。
お弁当《べんとう》を作《つく》ってハイキングに行《い》きます。
旦那《だんな》さんは「心《こころ》の支《ささ》え」です。いつも
心《こころ》の中《なか》で「ありがとう」って思《おも》っています。

コラム

結婚《けっこん》ってどうですか？

2人《ふたり》で暮《く》らしている夫婦《ふうふ》に聞《き》きました

皆《みな》さんは将来《しょうらい》、結婚《けっこん》したいと思《おも》いますか？　このページでは、実際《じっさい》に結婚《けっこん》して、夫婦《ふうふ》として生活《せいかつ》している先輩《せんぱい》たちが登場《とうじょう》します。結婚《けっこん》について、みんなで考《かんが》え、話《はな》しあってみましょう。

結婚生活《けっこんせいかつ》 7年目《ねんめ》

お互《たが》いが愛《あい》し合《あ》っているのが大事《だいじ》だよ

石井慎二《いしいしんじ》さん（35歳《さい》）／石井理恵《いしいりえ》さん（33歳《さい》）

出会《であ》いは?

中学生《ちゅうがくせい》のとき、お互《たが》いに共通《きょうつう》の友《とも》だちがいて、一緒《いっしょ》に遊《あそ》ぶようになりました。

付《つ》き合《あ》いはじめたのはいつ?

理恵《りえ》さんが中学《ちゅうがく》を卒業《そつぎょう》してから付《つ》き合《あ》いはじめました。それから一度《いちど》別《わか》れて、でもまた付《つ》き合《あ》いはじめました。

結婚後《けっこんご》の生活《せいかつ》はどうですか?

楽《たの》しいけど、お金《かね》が大変《たいへん》です。理恵《りえ》さんは足《あし》が不自由《ふじゆう》なので、住《す》む家《いえ》を探《さが》すのが大変《たいへん》でした。

お互《たが》いに好《す》きなところ、直《なお》してほしいところ

慎二《しんじ》さん・奥《おく》さんのことは、何《なん》となく好《す》き（笑《わらい》）、直《なお》してほしいところは特《とく》にないです。

理恵《りえ》さん・休《やす》みの日《ひ》はご飯《はん》をつくってくれる。でも、金《かね》づかいが荒《あら》いのでなおしてほしい。

どんなことでケンカしますか?

理恵《りえ》さんが料理《りょうり》をつくったのに、慎二《しんじ》さんが「別《べつ》のメニューがいい」と言《い》うのでケンカになります。

結婚《けっこん》してよかったことは?

付《つ》き合《あ》いが長《なが》いからあんまり変《か》わらないかな〜。

将来《しょうらい》のこと

今《いま》はアパート暮《く》らしなので、将来《しょうらい》は家《いえ》を買《か》って、理恵《りえ》さんのお母《かあ》さんと同居《どうきょ》したいです。

結婚生活《けっこんせいかつ》 9年目《ねんめ》

夫婦生活《ふうふせいかつ》は話《はな》しあいが大切《たいせつ》!

木村正克《きむらまさかつ》さん（46歳《さい》）／木村美佐紀《きむらみさき》さん（42歳《さい》）

出会《であ》いは?

2人《ふたり》とも札幌《さっぽろ》の出身《しゅっしん》。正克《まさかつ》さんが歩《ある》いていたら、友人《ゆうじん》と美佐紀《みさき》さんが向《む》こうから歩《ある》いてきて、紹介《しょうかい》されたのが最初《さいしょ》でした。

付《つ》き合《あ》いはじめたのはいつ?

その後《あと》、偶然《ぐうぜん》にも札幌《さっぽろ》でもう一度出会《いちどであ》って、それから連絡先《れんらくさき》を交換《こうかん》し、付《つ》き合《あ》うようになりました。

お互《たが》いに好《す》きなところ、直《なお》してほしいところ

正克《まさかつ》さん・妻《つま》は気《き》づかいをしてくれます。何《なん》でも『大丈夫《だいじょうぶ》』と言《い》いきらないでいろいろ相談《そうだん》してほしいですね。

美佐紀《みさき》さん・夫《おっと》はとてもやさしいです。でも、家《いえ》のこととかもっと協力《きょうりょく》してほしいかな。

どんなことでケンカしますか?

ケンカの理由《りゆう》はささいなことですが、そのあと2人《ふたり》でしっかり意見《いけん》をぶつけあって、仲直《なかなお》りします。

結婚《けっこん》してよかったことは?

1人《ひとり》よりも2人《ふたり》がいいです。やっぱり心強《こころづよ》い。

将来《しょうらい》のこと

家《いえ》とか、お互《たが》いに何《なに》かあったときに「残《のこ》せるもの」がほしいです。

07

スターバックス コーヒー北参道店《きたさんどうてん》

芹《せ》田《りた》千《ち》沙《さ》絵《え》さん(25歳《さい》)

仕事内容《しごとないよう》 接客《せっきゃく》、店内《てんない》の清掃《せいそう》など

こんな人《ひと》におすすめ

- 人《ひと》と接《せっ》することが好《す》き
- 細《こま》かい作業《さぎょう》が得意《とくい》

スターバックス コーヒー北参道店《きたさんどうてん》
場所《ばしょ》:東京都渋谷区《とうきょうとしぶやく》
社員《しゃいん》(スターバックス コーヒージャパン全体《ぜんたい》):1840名《めい》
※2012年《ねん》3月《がつ》31日現在《にちげんざい》

[働《はたら》く日数《にっすう》]
週《しゅういつか》5日(休《やす》みは土曜《どよう》・日曜《にちよう》)

[働《はたら》く時間《じかん》]
11:00〜16:00

[通勤《つうきん》]
電車《でんしゃ》で通勤《つうきん》しています。

最高《さいこう》の笑顔《えがお》で「いらっしゃいませ」

スターバックスで働《はたら》きたい！

「こんにちは！」「ありがとうございます！」
お店《みせ》の中《なか》は、コーヒーの

お客様《きゃくさま》にはいつも最高《さいこう》の笑顔《えがお》で！　スターバックスが人気《にんき》の秘密《ひみつ》ですね。

香《こう》ばしいかおりでいっぱい。
そこに、お店《みせ》のスタッフの
元気《げんき》な声《こえ》が響《ひび》きます。
スターバックスは本格的《ほんかくてき》な
コーヒーを楽《たの》しめるコーヒーストアです。
アメリカに本社《ほんしゃ》があり、
世界《せかい》の国々《くにぐに》にお店《みせ》を出《だ》しています。
日本《にほん》にも、955カ所《しょ》*もお店《みせ》があります。
芹田千沙絵《せりたちさえ》さんは、
スターバックスコーヒー北参道店《きたさんどうてん》で
働《はたら》いています。
最初《さいしょ》は別《べつ》のお店《みせ》で2年半働《ねんはんはたら》いて、
そのあと北参道店《きたさんどうてん》に変《か》わりました。
芹田《せりた》さんは、特別支援学校《とくべつしえんがっこう》のときに
別《べつ》の会社《かいしゃ》に実習《じっしゅう》に行《い》きましたが、
なかなか自分《じぶん》に合《あ》いませんでした。
その後《ご》、スターバックスで
3週間実習《しゅうかんじっしゅう》をして
就職《しゅうしょく》することになりました。

*2012年《ねん》3月《がつ》31日現在《にちげんざい》

実《じつ》はコーヒーが苦手《にがて》な芹田《せりた》さん。
就職《しゅうしょく》に向《む》けて、コーヒーを入《い》れたり、
お客様《きゃくさま》に出《だ》したりする練習《れんしゅう》を
学校《がっこう》でしました。
そして「働《はたら》きたい」という気持《きも》ちが強《つよ》くなり、
面接《めんせつ》に合格《ごうかく》して就職《しゅうしょく》することができました。

ペーパーナプキンの補充《ほじゅう》も仕《し》事《ごと》の一《ひと》つ。

▲お客様《きゃくさま》の使《つか》うテーブルはいつもきれいにしておきます。

◀「コーヒー豆《まめ》の仕込《しこ》み」の仕事《しごと》。小《ち》さい袋《ふくろ》に入《い》れる量《りょう》は74グラムと決《き》まっています。

細《こま》かくて、正確《せいかく》な仕事《しごと》

芹田《せりた》さんの仕事《しごと》は、
まずお店《みせ》の掃除《そうじ》からはじまります。
お客様《きゃくさま》の使《つか》ったテーブルやイスを
丁寧《ていねい》に拭《ふ》きます。
ガラス窓《まど》やショーケース、床《ゆか》にも
汚《よご》れがないようにきれいに掃除《そうじ》します。
そのあと、お客様《きゃくさま》が使《つか》う
砂糖《さとう》やクリームなどが並《なら》んだ棚《たな》を
きれいに整理《せいり》します。つぎは
「コーヒー豆《まめ》の仕込《しこ》み」という作業《さぎょう》をします。
これは、お店《みせ》で使《つか》うコーヒー豆《まめ》を
一度《いちど》に使《つか》う分《ぶん》ごとに小《ち》さい袋《ふくろ》に入《い》れて
分《わ》けていく仕事《しごと》です。
間違《まちが》いないように、丁寧《ていねい》に量《はか》りながら
袋《ふくろ》に分《わ》けていきます。この仕込《しこ》みは、
芹田《せりた》さんが一番《いちばん》好《す》きな仕事《しごと》なのです。
しかし、重《おも》さをぴったり合《あ》わせるのが
むずかしいのと、何《なん》グラム入《い》れればいいのか
わからなくなるときがあるので、
油断《ゆだん》はできません。

もうひとつ油断《ゆだん》できないのは、
コーヒーの「豆《まめ》のかす」を捨《す》てる作業《さぎょう》。
コーヒーをいれた後《あと》の豆《まめ》のかすは、
水分《すいぶん》を吸《す》ってとても重《おも》くなります。
豆《まめ》のかすを入《い》れたゴミ袋《ぶくろ》の重《おも》さは、
10キロほどにもなります。
「最初《さいしょ》は全然《ぜんぜん》持《も》ち上《あ》げられなかったけど、
最近《さいきん》は慣《な》れてきました。でも、本当《ほんとう》に重《おも》くて
持《も》ち上《あ》がらないときは、仲間《なかま》に
手伝《てつだ》ってもらいます」と芹田《せりた》さんは話《はな》します。

芹田《せりた》さんの仕事《しごと》は午前《ごぜん》も午後《ごご》も同《おな》じですが、
どの時間《じかん》にどの仕事《しごと》をするのか、
芹田《せりた》さんは自分《じぶん》で判断《はんだん》しているのです。
「任《まか》された仕事《しごと》を、てきぱきと
ミスせずできるようになりたい」
と話《はな》す芹田《せりた》さん。
一緒《いっしょ》に働《はたら》く仲間《なかま》や家族《かぞく》などの
協力《きょうりょく》を受《う》けながら、
芹田《せりた》さんは仕事《しごと》の責任《せきにん》を果《は》たしたいと
がんばっています。

近《ちか》くに住《す》んでいる福島《ふくしま》さんは2日《ふつか》に1回《いっかい》はお店《みせ》に飲《の》みに来《く》るお客《きゃく》さんです。「ちいちゃん（芹田《せりた》さん）のファンだから。いつも笑顔《えがお》で迎《むか》えてくれてうれしいですね」と話《はな》してくれます。

「スターバックス コーヒー北参道店《きたさんどうてん》」の一日《いちにち》

—こんな仕事《しごと》をしています

11:00

午前中《ごぜんちゅう》の仕事《しごと》

店内《てんない》の掃除《そうじ》、ガラスふき、
仕込《しこ》みなど、
お店《みせ》の中《なか》で必要《ひつよう》と
されている仕事《しごと》をします。

12:30

休《きゅう》けい

お昼休《ひるきゅう》けいは15分《ふん》。短《みじか》い時間《じかん》でも
さっと食《た》べられるように、
お弁当《べんとう》はいつもおにぎりです。
一緒《いっしょ》に休《きゅう》けいをとる仲間《なかま》と
おしゃべりをしていると、
あっという間《ま》に休《きゅう》けいは終《お》わります。

12:45

午後《ごご》の仕事《しごと》

午前中《ごぜんちゅう》の仕事《しごと》の
つづきです。お店《みせ》では
お昼《ひる》までにたくさんの
コーヒーを出《だ》すので、
コーヒーの
「豆《まめ》のかす」も大変《たいへん》な重《おも》さ。
これを片付《かたづ》けるのも
芹田《せりた》さんの仕事《しごと》。

業務日誌《ぎょうむにっし》

その日《ひ》にした仕事《しごと》の内容《ないよう》と、
その仕事《しごと》がきちんとできたか、
何《なに》か困《こま》ったことはなかったか
などを、「業務日誌《ぎょうむにっし》」という
ノートに書《か》きます。
この「日誌《にっし》」は、一緒《いっしょ》に働《はたら》く仲間《なかま》や
芹田《せりた》さんの家族《かぞく》も読《よ》みます。
芹田《せりた》さんが仕事《しごと》で悩《なや》んだり、
困《こま》ったりしていることがあれば、
すぐにわかるようにするためです。
でも、仕事《しごと》でミスをしたことを
お母《かあ》さんに言《い》われたりすると
ちょっと落《お》ち込《こ》むこともあります。

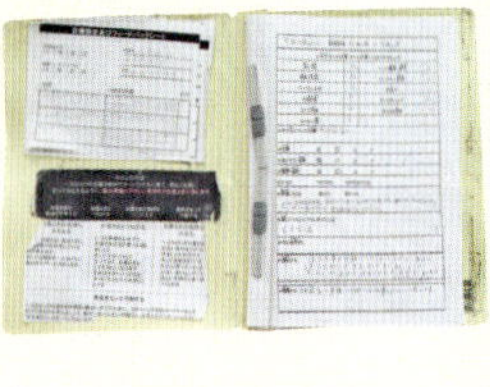

15:30

仕事内容《しごとないよう》の確認《かくにん》

一緒《いっしょ》に働《はたら》く仲間《なかま》とは、
いつも仕事《しごと》の内容《ないよう》について確認《かくにん》しあいながら
仕事《しごと》を進《すす》めていきます。

16:00

終業《しゅうぎょう》

先輩《せんぱい》たちに聞《き》きました

Q3 給料《きゅうりょう》の おもな使《つか》い道《みち》は?

A 初《はじ》めてもらったお給料《きゅうりょう》で、祖父《そふ》にお酒《さけ》を、父《ちち》にはネクタイをプレゼントしました。いまでも、父《ちち》の日《ひ》や母《はは》の日《ひ》、誕生日《たんじょうび》などに家族《かぞく》にプレゼントを買《か》います。自分《じぶん》のためには、好《す》きなアイドルのコンサートに行《い》ったり、CD《シーディー》・DVD《ディーブイディー》を買《か》うために使《つか》っています。

Q4 休《やす》みの日《ひ》は どんなことをしていますか?

A 私《わたし》は「KinKi Kids《キンキキッズ》」、母《はは》は「嵐《あらし》」のファンなので、一緒《いっしょ》にコンサートに行《い》ったりします。友達《ともだち》とも行《い》きます。楽《たの》しくて最高《さいこう》です! それから、買《か》い物《もの》が好《す》きです。渋谷《しぶや》や二子玉川《ふたこたまがわ》のデパートに行《い》ったりします。

Q5 将来《しょうらい》の夢《ゆめ》は なんですか?

A 仲《なか》のいい友達《ともだち》と一緒《いっしょ》にマンションを借《か》りて生活《せいかつ》したい。でも、お金《かね》も貯《た》めなければならないし、料理《りょうり》とか洗濯《せんたく》とかもできるようにならなければいけないですね。でも、掃除《そうじ》や片付《かたづ》けは苦手《にがて》かも。

Q1 就職《しゅうしょく》する前《まえ》に スターバックスのことは 知《し》っていましたか?

A 家《いえ》の近《ちか》くのショッピングセンターにお店《みせ》があって、家族《かぞく》と一緒《いっしょ》に行《い》ったことがあったので知《し》っていました。でも、そのときはまさか自分《じぶん》が働《はたら》くようになるとは思《おも》っていませんでした。

Q2 この仕事《しごと》を選《えら》んだ 理由《りゆう》は?

A 学校《がっこう》の実習《じっしゅう》でここに来《き》て、最初《さいしょ》はたいへんそうだなって思《おも》いました。でも、実習《じっしゅう》しながら仕込《しこ》みなどをさせてもらって、面白《おもしろ》いと思《おも》うようになりました。でも、本当《ほんとう》はコーヒーは苦手《にがて》(笑《わら》い)。甘《あま》いドリンク系《けい》のものが好《す》きです。

上司《じょうし》から聞《き》きました

芹田《せりた》さんは言葉《ことば》で頼《たの》んだ仕事《しごと》を
忘《わす》れてしまうことがあったので、
チェック表《ひょう》を作《つく》って、
次《つぎ》にしなければならない仕事《しごと》が
目《め》で見《み》てわかるようにしました。
それからは、自分《じぶん》で
次《つぎ》にする仕事《しごと》を
判断《はんだん》できるようになりました。
お店《みせ》で使《つか》う氷《こおり》を補充《ほじゅう》したり、
テーブルをきれいに
ふいてくれたり、いつも
丁寧《ていねい》に、いいタイミングで
やってくれます。
仕込《しこ》みの仕事《しごと》も丁寧《ていねい》で、
以前《いぜん》と比《くら》べて
レベルが上《あ》がっています。
数字《すうじ》が苦手《にがて》で日付《ひづけ》などが
間違《まちが》っていることがありますが、
それは一緒《いっしょ》に働《はたら》く仲間《なかま》や
私《わたし》が確認《かくにん》するようにしています。
芹田《せりた》さんは、仲間《なかま》と
おしゃべりするのは得意《とくい》ですが、
お客様《きゃくさま》と話《はな》すのは苦手《にがて》です。
でも、慣《な》れてくると心《こころ》を開《ひら》いて
接《せっ》することができます。
いまでは、芹田《せりた》さんに会《あ》いに
お店《みせ》に来《き》てくれる常連《じょうれん》の
お客様《きゃくさま》もいます。
そうしたお客様《きゃくさま》と芹田《せりた》さんが
話《はな》していると、
周《まわ》りも明《あか》るくなります。
芹田《せりた》さんはそうした力《ちから》の
持《も》ち主《ぬし》ですね。
これからは、そうした力《ちから》を
活《い》かして、お客様《きゃくさま》と
接《せっ》する仕事《しごと》にも積極的《せっきょくてき》に
チャレンジしてほしいと
考《かんが》えています。

考《かんが》えてみよう

芹田《せりた》さんは笑顔《えがお》がとてもすてきです。
だから、お客様《きゃくさま》も声《こえ》をかけてくれますし、
芹田《せりた》さんにわざわざ会《あ》いに来《く》る人《ひと》もいます。
また、苦手《にがて》なことにもチャレンジする
芹田《せりた》さんを職場《しょくば》の人《ひと》はしっかりサポートしてくれます。

Q1 **あなたはどんなときに
笑顔《えがお》になりますか?**

Q2 **あなたが苦手《にがて》なことは何《なん》ですか?
あなたは、どんなサポートがあれば苦手《にがて》なことに
チャレンジできますか?**

08

やまびこ屋《や》

浦田史斗《うらたふみと》さん(23歳《さい》)

仕事内容《しごとないよう》 お店《みせ》の準備《じゅんび》、調理《ちょうり》、接客《せっきゃく》、片《かた》づけ、など

こんな人《ひと》におすすめ

- 料理《りょうり》が好《す》き
- チームワークを大切《たいせつ》にできる

やまびこ屋《や》
場所《ばしょ》:香川県高松市《かがわけんたかまつし》
社員《しゃいん》:3名《めい》
(知的障害《ちてきしょうがい》のある本人《ほんにん》:2名《めい》)

[働《はたら》く日数《にっすう》]

週《しゅう》5日《いつか》(休《やす》みは第《だい》1、3土曜《どよう》・月曜《げつよう》・祝日《しゅくじつ》
第《だい》2、4、5土曜《どよう》は出勤《しゅっきん》)

[働《はたら》く時間《じかん》]

9:00〜16:00

[通勤《つうきん》]

家《いえ》から歩《ある》きで通《かよ》っています。
お店《みせ》には施設《しせつ》から車《くるま》で送迎《そうげい》してもらいます。

うどんの職人《しょくにん》になりたい！

人気《にんき》のお店《みせ》「やまびこ屋《や》」

香川県《かがわけん》の名物《めいぶつ》は「讃岐《さぬき》うどん」です。
香川県《かがわけん》には900件《けん》もの
うどん屋《や》があります。
浦田《うらた》さんが働《はたら》く「やまびこ屋《や》」は
香川県《かがわけん》で一番大《いちばんおお》きい街《まち》・高松市《たかまつし》にあります。
とても人《ひと》の多《おお》い場所《ばしょ》にお店《みせ》はあるので、
それだけライバルも多《おお》いのです。

浦田《うらた》さんの毎日《まいにち》は朝《あさ》の体操《たいそう》から
はじまります。「イチ、ニ、サン、シ」と
声《こえ》をあげて、体全体《からだぜんたい》をほぐしていきます。
浦田《うらた》さんは特別支援学校《とくべつしえんがっこう》に
通《かよ》っていたころ、陸上部《りくじょうぶ》でした。
だから、スポーツは得意《とくい》だし、
体力《たいりょく》にも自信《じしん》があります。
「やまびこ屋《や》」で使《つか》う材料《ざいりょう》は、
施設《しせつ》でほかの仲間《なかま》たちが作《つく》ってくれます。

うどんの粉《こな》と塩水《しおみず》を混《ま》ぜてできた生地《きじ》を、
全身《ぜんしん》を使《つか》って踏《ふ》みます。
ダシ（つゆ）を用意《ようい》してくれる人もいます。
浦田《うらた》さんは「やまびこ屋《や》」で
いっしょに働《はたら》く小田《おだ》さんと、その日《ひ》に使《つか》う
うどん、ダシ、お弁当《べんとう》を運《はこ》んでいきます。
「やまびこ屋《や》」までは施設《しせつ》から
車《くるま》で15分《ふん》ほど。お店《みせ》に着《つ》くと、
11時半《じはん》の開店《かいてん》にむけて、
準備《じゅんび》がはじまります。
浦田《うらた》さんは厨房《ちゅうぼう》のなかで
お客《きゃく》さんが飲《の》むお水《みず》を用意《ようい》したり、
うどんにのせる薬味《やくみ》、ダシを準備《じゅんび》します。
そのあいだに、小田《おだ》さんは
店内《てんない》のテーブルをきれいにふいて、
お箸《はし》やしょうゆをきれいに並《なら》べます。
ふたりはこの作業《さぎょう》を毎日《まいにち》しているので、
とても慣《な》れた手《て》つきですばやいです。
あっという間《ま》に開店《かいてん》の準備《じゅんび》ができました。
さあ、お店《みせ》の暖簾《のれん》を出《だ》して、開店《かいてん》です！

▲浦田《うらた》さんと
小田《おだ》さんは
コミュニケーションを
とりながら
仕事《しごと》をしています。
▶おいしそうな
讃岐《さぬき》うどん

注文《ちゅうもん》をもらったらすばやく盛《も》り付《つ》けます。

できないこともコツコツ上達《じょうたつ》

できあがったうどんを
お客《きゃく》さんに渡《わた》す浦田《うらた》さん

「いらっしゃいませー」
お客《きゃく》さんが入《はい》ってくると、
浦田《うらた》さんと小田《おだ》さんの声《こえ》がひびきます。
「ぶっかけの冷《ひ》やしお願《ねが》いね！」
お客《きゃく》さんの注文《ちゅうもん》を受《う》けると、
浦田《うらた》さんはゆでたての麺《めん》を
お皿《さら》に盛《も》り付《つ》け、冷《ひ》やしてある
ダシをうどんにかけます。
まるで職人《しょくにん》のようなすばやい動《うご》き。
できあがった「ぶっかけ冷《ひ》やしうどん」を
丁寧《ていねい》にお客《きゃく》さんにわたします。

浦田《うらた》さんは地元《じもと》の養護学校《ようごがっこう》を卒業《そつぎょう》してから
「社会福祉法人《しゃかいふくしほうじん》やまびこ会《かい》 Ｄｏ《ドゥー》やまびこ」に
通所《つうしょ》するようになりました。
学生時代《がくせいじだい》は一般就職《いっぱんしゅうしょく》を目指《めざ》していましたが、
会社《かいしゃ》での実習《じっしゅう》はきびしく、
自分《じぶん》で「ここはちがうな」と感《かん》じたそうです。
卒業後《そつぎょうご》、「Ｄｏ《ドゥー》やまびこ」でお菓子《かし》や
アイスクリームを作《つく》っていましたが、
２０１２年《ねん》５月《がつ》に「やまびこ屋《や》」を
高松市内《たかまつしない》にオープンすることになり、
浦田《うらた》さんはそこで働《はたら》くことになりました。
はじめは慣《な》れない作業《さぎょう》にとまどいました。
しかし、浦田《うらた》さんはまじめに
コツコツ努力《どりょく》し、今《いま》ではあらゆる作業《さぎょう》が
とても上手《じょうず》になりました。
ちなみに、浦田《うらた》さんは自分《じぶん》の
作《つく》ったうどんを食《た》べるのが大好《だいす》きです。
「やっぱりおいしいですね」
浦田《うらた》さんは恥《は》ずかしそうに
笑《わら》いながらつぶやきます。
麺《めん》のこしと食感《しょっかん》は、どこにも負《ま》けません。

「ごちそうさま」
今日《きょう》の最後《さいご》のお客《きゃく》さんが
お店《みせ》を出《で》ようとすると
「ありがとうございました、
いってらっしゃい！」
と大《おお》きく元気《げんき》よくあいさつする浦田《うらた》さん。
仕事《しごと》をしていて一番《いちばん》うれしいのは
「おいしい」と言《い》われること。
浦田《うらた》さんはこれからも
おいしいうどんを作《つく》りつづけます。

商品紹介《しょうひんしょうかい》

「やまびこ屋《や》」のうどんは
全国《ぜんこく》からインターネット
で注文《ちゅうもん》が届《とど》きます。
讃岐《さぬき》うどんのほかにも、
「讃岐《さぬき》うどんさくさく」
というスナック菓子《がし》、
「讃岐《さぬき》あいす物語《ものがたり》」という
アイスクリームもあり、
どれも人気《にんき》です。

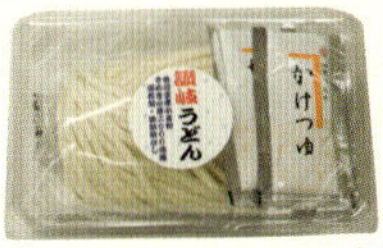

讃岐《さぬき》うどんセット（400円《えん》）

讃岐《さぬき》うどんさくさく
（1個《こ》　大《だい》370円《えん》　小《しょう》210円《えん》）

讃岐《さぬき》あいす物語《ものがたり》
（1個《こ》　カップ250円《えん》
モナカ220円《えん》）

「やまびこ屋《や》」の一日《いちにち》 —こんな仕事《しごと》をしています

9:00

施設《しせつ》で麺《めん》・ダシづくり

「やまびこ屋《や》」でつかう麺《めん》やダシは、施設《しせつ》の工場《こうじょう》で作《つく》られます。

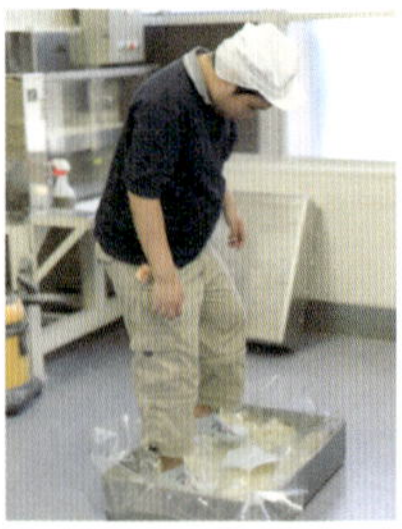

10:00

麺《めん》・ダシを運《はこ》ぶ

工場《こうじょう》で作《つく》った材料《ざいりょう》を「やまびこ屋《や》」に運《はこ》びます。

11:00

開店準備《かいてんじゅんび》

もうすぐ開店《かいてん》。お店《みせ》の準備《じゅんび》はもう少《すこ》し。

お店《みせ》が混雑《こんざつ》する時間帯《じかんたい》

13:30

後片付《あとかたづ》け

お昼《ひる》の時間帯《じかんたい》が終《お》わったら、すばやく後片付《あとかたづ》けを開始《かいし》します。

15:30

施設《しせつ》に戻《もど》る

施設《しせつ》に戻《もど》って終《お》わりのあいさつ。今日《きょう》のお店《みせ》のようすを報告《ほうこく》します。

16:00

終業《しゅうぎょう》

先輩《せんぱい》たちに聞《き》きました

Q1 この会社《かいしゃ》（仕事《しごと》）を選《えら》んだ理由《りゆう》は？

A 特別支援学校《とくべつしえんがっこう》のときに
実習《じっしゅう》で来《き》たからです。
最初《さいしょ》はお菓子《かし》のラベル貼《は》りや
袋詰《ふくろづ》めの仕事《しごと》をしました。
それから「やまびこ屋《や》 番町店《ばんちょうてん》」の
働《はたら》く人《ひと》に選《えら》ばれました。
親《おや》も応援《おうえん》してくれています。

Q2 仕事《しごと》のどの部分《ぶぶん》にやりがいを感《かん》じていますか？

A できないことが
できるようになるのがうれしい。
「讃岐《さぬき》あいす物語《ものがたり》」を発売《はつばい》するとき、
味《あじ》を決《き》めるのを手伝《てつだ》いました。
うれしかったです。
一人《ひとり》でも多《おお》くの人《ひと》にうどんを
食《た》べてもらいたいです。

Q3 困《こま》ったり、悩《なや》んでいることはありますか？

A 「玉《たま》とり*」の作業《さぎょう》がむずかしいです。
どうして自分《じぶん》にできないのか
たくさん悩《なや》みました。
でもスタッフの藤田《ふじた》さんたちが
いっしょに練習《れんしゅう》してくれました。

*「玉《たま》とり」は茹《ゆ》でたうどんを水《みず》で冷《ひ》やし
決《き》まった重《おも》さに取《と》り分《わ》けることです。
きれいな形《かたち》でとる必要《ひつよう》があります。

Q4 給料《きゅうりょう》のおもな使《つか》い道《みち》は？

A あまりお金《かね》は使《つか》いません。
友《とも》だちと時々《ときどき》カラオケに行《い》って、
大好《だいす》きな「AKB48《エーケービーフォーティーエイト》」の歌《うた》をうたいます。
あと、施設《しせつ》の旅行《りょこう》へ行《い》ったときに、
キーホルダーを
親《おや》と妹《いもうと》に買《か》ってあげます。

Q5 将来《しょうらい》の夢《ゆめ》はなんですか？

A うどん職人《しょくにん》になることです。
あとすこしでなれると思《おも》うので、
「玉《たま》とり」を早《はや》く、上手《じょうず》に、
丁寧《ていねい》にやって、きれいなまま
お客《きゃく》さんに出《だ》したいです。

上司《じょうし》から聞《き》きました

浦田《うらた》さんはとても前向《まえむ》きなので、
「新《あたら》しいことを覚《おぼ》えよう」と
してくれます。
努力家《どりょくか》だから、
こちらも教《おし》えやすいです。
すこし一生懸命《いっしょうけんめい》に
なりすぎなところもあるので、
体調《たいちょう》には気《き》を付《つ》けてほしいです。
浦田《うらた》さんがいないと
「やまびこ屋《や》」は
とても困《こま》ります(笑《わらい》)

この仕事《しごと》で大切《たいせつ》なことは
「お客様第一《きゃくさまだいいち》のお店《みせ》であること」と
「おいしいうどんを
提供《ていきょう》すること」の二《ふた》つです。
できないことでも
ゆっくり練習《れんしゅう》したり、
使《つか》う道具《どうぐ》を工夫《くふう》すれば、
できるようになるので、
あわてないで大丈夫《だいじょうぶ》です。
「やまびこ屋《や》のうどんを
食《た》べたい」と思《おも》うお客様《きゃくさま》に
おいしいうどんを
食《た》べてもらいたい。
この気持《きも》ちが
一番大切《いちばんたいせつ》だと思《おも》います。
職場《しょくば》でも施設《しせつ》でも、
「支援者《しえんしゃ》と障害《しょうがい》のある人《ひと》」
という関係《かんけい》にならないように、
話《はな》しやすい人間関係《にんげんかんけい》で
いたいと思《おも》っています。
そのほうが、困《こま》っているときに
声《こえ》をかけやすいと思《おも》いますから。

考《かんが》えてみよう

「やまびこ屋《や》」は地域《ちいき》でも人気《にんき》のうどん屋《や》さんです。
浦田《うらた》さんは、一人《ひとり》でも多《おお》くの人《ひと》に
自分《じぶん》の作《つく》ったうどんを食《た》べてもらいたいと
がんばっています。
自分《じぶん》がいましている仕事《しごと》が大好《だいす》きなのです。

Q1 あなたが大好《だいす》きなことや
打《う》ち込《こ》んでいることは何《なん》ですか？

Q2 特《とく》にどんなところが
好《す》きですか？

09

ユニクロ・東京《とうきょう》ドームシティラクーア店《てん》

尾形勇旗《おがたゆうき》さん(21歳《さい》)

仕事内容《しごとないよう》 掃除《そうじ》、商品《しょうひん》の品出《しなだ》し、商品《しょうひん》の陳列《ちんれつ》、縫製《ほうせい》など

こんな人《ひと》におすすめ

- 服《ふく》にかかわる仕事《しごと》がしたい
- 手先《てさき》が器用《きよう》

ユニクロ・東京《とうきょう》ドームシティラクーア店《てん》

場所《ばしょ》:東京都文京区《とうきょうとぶんきょうく》

社員《しゃいん》(国内《こくない》ユニクロ従業員《じゅうぎょういん》):18781名《めい》

(知的障害者《ちてきしょうがいしゃ》:586名《めい》)

[働《はたら》く日数《にっすう》]

週5日《しゅういつか》(休《やす》みは水曜《すいよう》・日曜《にちよう》)

[働《はたら》く時間《じかん》]

8:30〜17:30

[通勤《つうきん》]

自宅《じたく》からバスと電車《でんしゃ》を乗《の》り換《か》えて、約《やく》2時間《じかん》かけて通《かよ》っています。

パンツの裾《すそ》上《あ》げはまかせてください

補正《ほせい》のスペシャリスト

「いらっしゃいませ！」
色《いろ》とりどりの洋服《ようふく》が並《なら》ぶ店内《てんない》に
元気《げんき》なあいさつが響《ひび》きわたります。
野球場《やきゅうじょう》で有名《ゆうめい》な「東京《とうきょう》ドーム」の
すぐそばにある施設《しせつ》の中《なか》にあるユニクロで、
尾形勇旗《おがたゆうき》さんは働《はたら》いています。
尾形《おがた》さんは職業訓練校《しょくぎょうくんれんこう》を卒業《そつぎょう》してから
ユニクロに就職《しゅうしょく》して、今年《ことし》で4年目《ねんめ》。
特別支援学校《とくべつしえんがっこう》で習《なら》っていた
ミシンの技術《ぎじゅつ》を生《い》かして、

ユニクロ・東京《とうきょう》ドームシティラクーア店《てん》のようす。

パンツの裾《すそ》を直《なお》すなど、
補正作業《ほせいさぎょう》のスペシャリストとして
働《はたら》いています。
その実力《じつりょく》は、障害《しょうがい》のある人《ひと》たちの技能《ぎのう》を競《きそ》う
世界大会《せかいたいかい》「国際《こくさい》アビリンピック」の
縫製《ほうせい》（洋服《ようふく》を縫《ぬ》う）部門《ぶもん》で、
銀賞《ぎんしょう》を獲得《かくとく》するほど。
だからお店《みせ》でも、皆《みな》から頼《たよ》りにされています。

ミシンで作業《さぎょう》をする尾形《おがた》さん。集中《しゅうちゅう》しています。

国際《こくさい》アビリンピックってなに？

「国際《こくさい》アビリンピック」は障害《しょうがい》のある人《ひと》の技能《ぎのう》を競《きそ》う世界大会《せかいたいかい》のこと。
4年《ねん》に1度開催《どかいさい》されています。
コンピュータープログラミング、
ホームページ作成《さくせい》、フラワーアレンジメント、
家具製作《かぐせいさく》、絵画《かいが》など、
20以上《いじょう》の種目《しゅもく》があります。ちなみに、
尾形《おがた》さんは「洋裁《ようさい》」部門《ぶもん》に出場《しゅつじょう》し、
銀賞《ぎんしょう》を取《と》りました。次回《じかい》は2015年《ねん》に
フィンランドのヘルシンキで開催《かいさい》されます。

2011年《ねん》に日本代表《にほんだいひょう》として出場《しゅつじょう》したソウル大会《たいかい》で、銀賞《ぎんしょう》を取《と》りました。

トランシーバーで連絡《れんらく》

尾形《おがた》さんは補正《ほせい》の作業《さぎょう》が得意《とくい》ですが、仕事《しごと》はほかにもあります。店内《てんない》の床掃除《ゆかそうじ》、鏡《かがみ》をきれいにふいたり、洋服《ようふく》をハンガーにかけたり、お店《みせ》で売《う》られている商品《しょうひん》が減《へ》っていれば補充《ほじゅう》しなければなりません。

たくさんの仕事《しごと》があって、何《なに》からやればいいのか迷《まよ》いそうですが、ユニクロでは、何時《なんじ》から何時《なんじ》までは何《なん》の仕事《しごと》をやる、というように、一人《ひとり》ひとりの1日《にち》のスケジュールがきちんと決《き》められています。なので、スケジュール表《ひょう》を確認《かくにん》しながら、尾形《おがた》さんは仕事《しごと》をしているのです。

また、お店《みせ》の中《なか》はとても広《ひろ》いので、トランシーバーで連絡《れんらく》を取《と》りあいながら仕事《しごと》をしています。尾形《おがた》さんも、その日《ひ》の自分《じぶん》の仕事《しごと》をスケジュール表《ひょう》で確認《かくにん》して動《うご》いています。そして一《ひと》つの作業《さぎょう》が終《お》わったら、トランシーバーで「○○は終《お》わりました」と店長《てんちょう》に報告《ほうこく》します。

このトランシーバーは、尾形《おがた》さんが困《こま》ったときにも役《やく》に立《た》ちます。例《たと》えばお客《きゃく》さんに、商品《しょうひん》がどこにあるか聞《き》かれてうまく答《こた》えられないときは、トランシーバーで連絡《れんらく》してほかのスタッフに来《き》てもらうのです。

辞《や》めたいと思《おも》ったことはない

ユニクロには学校《がっこう》の先生《せんせい》からのアドバイスで入《はい》りました。

現在《げんざい》は、千葉《ちば》の実家《じっか》から仕事場《しごとば》まで、バスと電車《でんしゃ》を乗《の》り継《つ》ぎ通《かよ》っています。お店《みせ》に着《つ》くのは朝《あさ》の7時半《じはん》。仕事《しごと》を終《お》えて夕方《ゆうがた》5時半《じはん》にユニクロを出《で》て、家《いえ》に着《つ》くのは夜《よる》の8時《じ》ごろ。とても忙《いそが》しい毎日《まいにち》のようですが、「仕事《しごと》をたいへんだとか、辞《や》めたいと思《おも》ったことはありません」と尾形《おがた》さんは胸《むね》をはります。一生懸命働《いっしょうけんめいはたら》き続《つづ》けられる理由《りゆう》を聞《き》くと「謙虚《けんきょ》な気持《きも》ちでやると、みなさんが教《おし》えてくれる」と尾形《おがた》さん。

昨年《さくねん》、有給休暇《ゆうきゅうきゅうか》をとって家族《かぞく》みんなでハワイに行《い》きました。また家族《かぞく》みんなで旅行《りょこう》に出《で》かけることを尾形《おがた》さんは楽《たの》しみにしています。

洋服《ようふく》を売《う》る職場《しょくば》になくてはならない鏡《かがみ》。店内《てんない》の鏡《かがみ》をすべてふいていきます。

「ユニクロ・東京《とうきょう》ドームシティラクーア店《てん》」の一日《いちにち》

—こんな仕事《しごと》をしています

8:15

掃除《そうじ》

朝《あさ》、はじめにやる仕事《しごと》は、店内《てんない》の掃除《そうじ》です。
床《ゆか》はモップをかけて、お店《みせ》にある
すべての鏡《かがみ》をふいてきれいにします。
高《たか》い場所《ばしょ》のものは脚立《きゃたつ》を使《つか》います。

12:00

昼休《ひるやす》み

15:00

バックヤードでの仕事《しごと》

段《だん》ボールから服《ふく》を取《と》り出《だ》してハンガーに
かけたり、ミシンでパンツの裾上《すそあ》げをしたり、
アイロンかけをしたりします。
得意《とくい》なのはミシンを使《つか》って服《ふく》を直《なお》すこと。

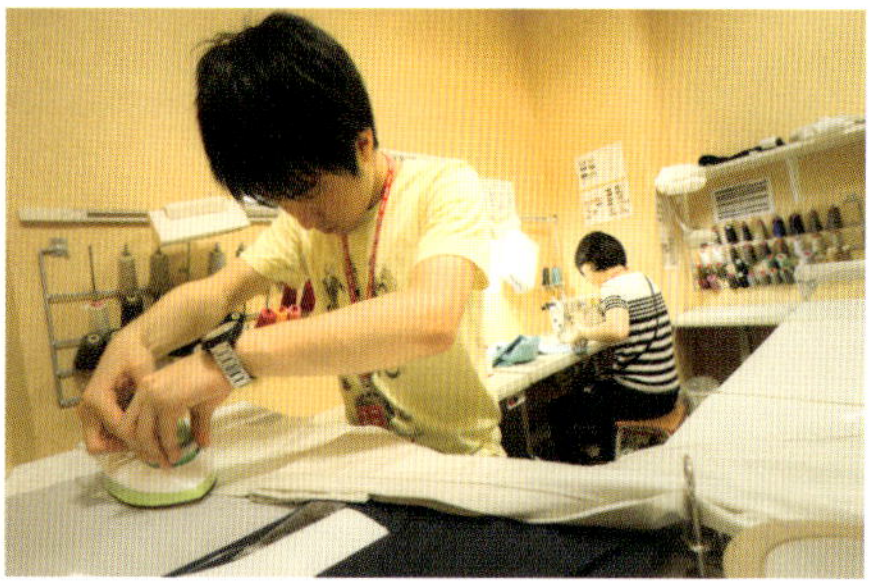

17:30

終業《しゅうぎょう》

先輩《せんぱい》たちに聞《き》きました

Q1 この会社《かいしゃ》(仕事《しごと》)を選《えら》んだ理由《りゆう》は？

A 学校《がっこう》の先生《せんせい》に「服《ふく》の補正《ほせい》ができるよ」と勧《すす》められて、補正《ほせい》ができる仕事《しごと》を探《さが》していたときに、先生《せんせい》がアドバイスしてくれました。そして実習《じっしゅう》に行《い》ってみて、ここで働《はたら》きたいと思《おも》いました。

Q2 仕事《しごと》のどの部分《ぶぶん》にやりがいを感《かん》じていますか？

A パンツの直《なお》しなど、ほかのスタッフの人《ひと》に頼《たの》まれた仕事《しごと》をして「早《はや》いですね。助《たす》かりました」と言《い》われると嬉《うれ》しいです。わからないことは先輩《せんぱい》たちに素直《すなお》な気持《きも》ちで質問《しつもん》するとみなさん、やさしく教《おし》えてくれます。

Q3 給料《きゅうりょう》のおもな使《つか》い道《みち》は？

A 自分《じぶん》が働《はたら》いているユニクロの服《ふく》を買《か》います。気《き》に入《い》っているのは『ONE PEACE《ワンピース》』のT《ティー》シャツや、『スーパーマン』『スヌーピー』のイラストの描《か》かれたT《ティー》シャツです。給料《きゅうりょう》はお母《かあ》さんに預《あず》けています。

Q4 困《こま》ったときは誰《だれ》に相談《そうだん》しますか？

A 店内《てんない》の清掃《せいそう》と鏡《かがみ》ふきをしているときに、お客《きゃく》さんから質問《しつもん》されることがあります。そのときは困《こま》ります。うまく答《こた》えられないときは、ポケットに入《い》れているトランシーバーを使《つか》って、ほかのスタッフを呼《よ》んで、助《たす》けてもらいます。

Q5 将来《しょうらい》の夢《ゆめ》はなんですか？

A 洋服《ようふく》をたたむのがあまり得意《とくい》じゃないので、もっと練習《れんしゅう》して、たたむのが上手《じょうず》になりたいです。そうすれば、今《いま》よりもっと仕事《しごと》が増《ふ》えるかもしれません。苦手《にがて》なこともありますが、できることが増《ふ》えるのはうれしいです。

上司《じょうし》から聞《き》きました

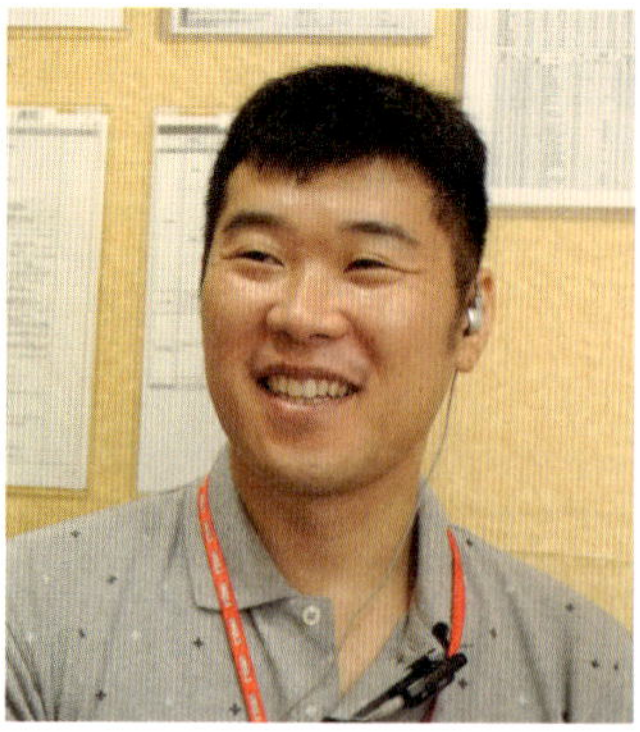

尾形《おがた》さんは、今《いま》ではお店《みせ》にとって「なくてはならない存在《そんざい》」となっています。
尾形《おがた》さんはとても集中力《しゅうちゅうりょく》が高《たか》く、それが長《なが》く続《つづ》きます。
また、一《ひと》つひとつの仕事《しごと》を丁寧《ていねい》にやってくれます。
仕事《しごと》に対《たい》して一生懸命《いっしょうけんめい》なので、職場《しょくば》のスタッフからも尊敬《そんけい》されています。

尾形《おがた》さんの得意《とくい》な服《ふく》の補正《ほせい》はもちろんですが、服《ふく》をハンガーに掛《か》けたり、商品《しょうひん》をビニール袋《ぶくろ》から出《だ》す「袋《ふくろ》むき」も誰《だれ》よりも早《はや》いです。

服《ふく》の補正《ほせい》のスペシャリストである尾形《おがた》さんが仕事《しごと》を理解《りかい》しやすいように、スタッフ全員《ぜんいん》が仕事《しごと》をお願《ねが》いするときに、できるだけわかりやすい言葉《ことば》で伝《つた》えるように、他《ほか》のスタッフにも話《はなし》をしています。

若《わか》い大学生《だいがくせい》のアルバイトがたくさんいるのですが、彼《かれ》らとも楽《たの》しそうに仕事《しごと》をしているみたいなので、私《わたし》としてもうれしいです。

考《かんが》えてみよう

尾形《おがた》さんは特別支援学校《とくべつしえんがっこう》に通《かよ》っているころから、ミシン（縫製《ほうせい》）の練習《れんしゅう》をしていました。

ユニクロでは、その技術《ぎじゅつ》を活《い》かして仕事《しごと》をしています。

そして、職場《しょくば》では「なくてはならない存在《そんざい》」として評価《ひょうか》されています。

Q1 現在《げんざい》、何《なに》か練習《れんしゅう》していることや、これから練習《れんしゅう》してみたいことはありますか?

Q2 あなたにとって「なくてはならない存在《そんざい》」とは誰《だれ》ですか?

10

ヤオコー・モラージュ柏店《かしわてん》

原田愛美《はらだあみ》さん(22歳《さい》)

仕事内容《しごとないよう》 商品《しょうひん》の品出《しなだ》し、商品《しょうひん》の発注《はっちゅう》、棚《たな》の整理《せいり》

こんな人《ひと》におすすめ

- 時間《じかん》をしっかり守《まも》れる
- 人《ひと》と接《せっ》することが好《す》き

ヤオコー・モラージュ柏店《かしわてん》
場所《ばしょ》:千葉県柏市《ちばけんかしわし》
社員《しゃいん》:131名《めい》
(知的障害《ちてきしょうがい》のある本人《ほんにん》:2名《めい》)

[働《はたら》く日数《にっすう》]
週5日《しゅういつか》(休《やす》みは木曜《もくよう》・日曜《にちよう》)

[働《はたら》く時間《じかん》]
9:00～17:00

[通勤《つうきん》]
自宅《じたく》から電車《でんしゃ》とバスを乗《の》り継《つ》いで通勤《つうきん》しています。

きついけど、がんばってます！

開店前《かいてんまえ》は大忙《おおいそが》し！

原田《はらだ》さんは現在《げんざい》22歳《さい》。
特別支援学校《とくべつしえんがっこう》を卒業後《そつぎょうご》、
「ヤオコー・モラージュ柏店《かしわてん》」で
働《はたら》きはじめました。
原田《はらだ》さんは始業時間《しぎょうじかん》の15分前《ふんまえ》に出社《しゅっしゃ》すると、
着替《きが》えて働《はたら》く準備《じゅんび》が整《ととの》ったら
タイムカードを押《お》します。
すぐに売《う》り場《ば》へ出《で》て、「品出《しなだ》し」をはじめます。

まだ開店《かいてん》しない店内《てんない》で
「品出《しなだ》し」をする原田《はらだ》さん。

「品出《しなだ》し」とは売場《うりば》の棚《たな》に
商品《しょうひん》を並《なら》べること。まだ薄暗《うすぐら》い店内《てんない》で、
原田《はらだ》さんは自分《じぶん》が担当《たんとう》する棚《たな》へ行《い》くと、
商品《しょうひん》を段《だん》ボールから出《だ》して、
並《なら》べはじめます。その手《て》さばきは早《はや》く、
まるで早送《はやおく》りの映像《えいぞう》を見《み》ているみたいです。
原田《はらだ》さんは自分《じぶん》が担当《たんとう》する棚《たな》が終《お》わると、
まだ終《お》わっていないほかの棚《たな》へ行《い》き、
商品《しょうひん》を並《なら》べていきます。
9時《じ》45分《ふん》ごろ、「これから朝礼《ちょうれい》をはじめます」
と放送《ほうそう》が流《なが》れると、
売《う》り場《ば》で「品出《しなだ》し」をしていた
社員《しゃいん》さんたちがいっせいに
レジの近《ちか》くに集《あつ》まってきます。
上司《じょうし》から前日《ぜんじつ》の売《う》り上《あ》げが発表《はっぴょう》され、
店長《てんちょう》から話《はなし》がすこしあります。
朝礼《ちょうれい》が終《お》わると、またすぐに品出《しなだ》しです。
とにかく開店《かいてん》する10時《じ》までに
できるだけ商品《しょうひん》を並《なら》べなくてはなりません。
さあ、急《いそ》いで！

朝礼《ちょうれい》のようす。
ビシッとした雰囲気《ふんいき》ですが、
上司《じょうし》がおもしろいことを
言《い》ったりして、
笑《わら》いが起《お》こる場面《ばめん》も。

お客《きゃく》さんから質問《しつもん》されても大丈夫《だいじょうぶ》。
緊張《きんちょう》せずに対応《たいおう》できるようになりました。

何《なん》でもこなせるようになりました

原田《はらだ》さんは、今《いま》では「品出《しなだ》し」のほかに、棚《たな》の商品《しょうひん》をきれいに整理《せいり》したり、商品《しょうひん》の発注《はっちゅう》の仕事《しごと》もしています。

お客《きゃく》さんから「ほしい商品《しょうひん》はどこにありますか?」と質問《しつもん》されることもあります。

原田《はらだ》さんはしっかり受《う》け答《こた》えして、お客《きゃく》さんを売《う》り場《ば》まで案内《あんない》します。


それにしても、原田《はらだ》さんは仕事中《しごとちゅう》、ずっと歩《ある》きっぱなしです。

商品《しょうひん》を乗《の》せたカートを引《ひ》きながら売《う》り場《ば》とバックヤード(売《う》り場《ば》の裏側《うらがわ》)を、行《い》ったり来《き》たりするのですから。

「最初《さいしょ》は体力的《たいりょくてき》にきつかったけど、もう慣《な》れました。

職場《しょくば》の人《ひと》もいい人《ひと》ばかりだから、ずっとここで働《はたら》き続《つづ》けられたらいいな」と話《はな》す原田《はらだ》さん。

ここで働《はたら》きはじめて、もうすぐ5年《ねん》がたとうとしています。

仕事《しごと》と卓球《たっきゅう》を両立《りょうりつ》させたい

原田《はらだ》さんと同《おな》じ職場《しょくば》の
竹守《たけもり》 彪《たけし》さん(19歳《さい》)

僕《ぼく》は「ヤオコー・モラージュ柏店《かしわてん》」に入《はい》ってまだ1年目《ねんめ》です。スーパーで品出《しなだ》しをする人《ひと》がかっこよくて、「就職《しゅうしょく》するならスーパーで」と決《き》めていました。今《いま》は品出《しなだ》しの仕事《しごと》をしているのでやりがいがあります。

僕《ぼく》は卓球《たっきゅう》をやっていて、パラリンピックの強化指定選手《きょうかしていせんしゅ》に選《えら》ばれました。海外《かいがい》で行《おこな》われる大会《たいかい》に出《で》たりするのですが、会社《かいしゃ》も応援《おうえん》してくれるのでとてもうれしいです。

目標《もくひょう》はパラリンピックで金《きん》メダルを取《と》ることです。

いただいた給料《きゅうりょう》で新《あたら》しい卓球《たっきゅう》のラケットやシューズを買《か》います。

僕《ぼく》の夢《ゆめ》は、仕事《しごと》と卓球《たっきゅう》を両立《りょうりつ》させて、どちらも手《て》を抜《ぬ》かずに続《つづ》けていくことです。

たいへんなことかもしれないけど、がんばりたいです。

パートさんとはとても仲良《なかよ》し。
仕事《しごと》のことやプライベートのことを相談《そうだん》することもあります。

「ヤオコー・モラージュ柏店《かしわてん》」の一日《いちにち》 —こんな仕事《しごと》をしています

8:45

出社《しゅっしゃ》

出社《しゅっしゃ》と退社《たいしゃ》のときに、
タイムカードを機械《きかい》に通《とお》します。
そして、担当《たんとう》する仕事《しごと》をしっかり確認《かくにん》。

10:30

商品《しょうひん》の発注《はっちゅう》

商品《しょうひん》の発注《はっちゅう》も原田《はらだ》さんの仕事《しごと》。
機械《きかい》でバーコードを読《よ》み取《と》って、
必要《ひつよう》な商品《しょうひん》の数《かず》を入力《にゅうりょく》します。

11:00

バックヤードへ

店内《てんない》からバックヤードへの出《で》入《い》りのときは、
必《かなら》ずお辞儀《じぎ》をするのがルールです。

13:00

昼食《ちゅうしょく》

昼食《ちゅうしょく》は社員食堂《しゃいんしょくどう》で。
午後《ごご》の仕事《しごと》のためにしっかり食《た》べます。

15:00

シール貼《は》り

値下《ねさ》げのシールを商品《しょうひん》に貼《は》る竹守《たけもり》さん。

16:00

仕事《しごと》の相談《そうだん》

バックヤードでパートの人《ひと》たちと仕事《しごと》の相談《そうだん》。
職場《しょくば》のコミュニケーションはしっかりと。

17:00

終業《しゅうぎょう》

先輩《せんぱい》たちに聞《き》きました

Q1 この会社《かいしゃ》（仕事《しごと》）を選《えら》んだ理由《りゆう》は？

A 特別支援学校《とくべつしえんがっこう》のときに、実習《じっしゅう》で2回《かい》来《き》ました。仕事《しごと》は大変《たいへん》そうだったし、本当《ほんとう》はレストランで働《はたら》きたかったけど、働《はたら》いているうちに、ここで働《はたら》いてもいいかなと思《おも》いました。上司《じょうし》やパートの人《ひと》もとてもやさしくて、働《はたら》きやすいです。

Q2 仕事《しごと》のどの部分《ぶぶん》にやりがいを感《かん》じていますか？

A 私《わたし》は何《なに》もすることがないとダラダラしてしまうから、仕事《しごと》があると自分《じぶん》のためにもいいと思《おも》います。休《やす》みが週1回《しゅういっかい》のときもあってきついけど、がんばっています。

Q3 仕事《しごと》で大変《たいへん》なことはありますか？

A 自分《じぶん》でわからないことをお客《きゃく》さんに聞《き》かれて、「やばい!」と思《おも》って先輩《せんぱい》に質問《しつもん》します。でも、たまに先輩《せんぱい》も忙《いそが》しそうでなかなか質問《しつもん》できないときがあります。だから、できるだけ自分《じぶん》で答《こた》えられるようにしたいです。

Q4 給料《きゅうりょう》のおもな使《つか》い道《みち》は？

A 給料《きゅうりょう》で洋服《ようふく》やバッグを買《か》ったり、特別支援学校《とくべつしえんがっこう》の先輩《せんぱい》とカラオケに行《い》きます。私《わたし》は数字《すうじ》や計算《けいさん》が苦手《にがて》だから、お金《かね》をお母《かあ》さんに管理《かんり》してもらっています。まだお母《かあ》さんに伝《つた》えてないけど、いずれは自分《じぶん》で管理《かんり》できるようにしたいです。

Q5 困《こま》ったときは誰《だれ》に相談《そうだん》しますか？

A まずはパートの人《ひと》に相談《そうだん》します。少《すこ》し前《まえ》に悩《なや》んでいたことがあって、パートの人《ひと》に相談《そうだん》したら、店長《てんちょう》に代《か》わりに伝《つた》えてくれました。すごくうれしかった。今《いま》ではとても安心《あんしん》して仕事《しごと》ができています。

上司《じょうし》から聞《き》きました

原田《はらだ》さんも竹守《たけもり》さんも、
ほかの人《ひと》と比《くら》べても、
まったく同《おな》じレベルで
仕事《しごと》をしてもらっています。
上司《じょうし》として、二人《ふたり》を
特別扱《とくべつあつか》いすることなく、
接《せっ》しています。
原田《はらだ》さんはとても仕事《しごと》が
すばやくて、ミスも少《すく》ないです。
発注《はっちゅう》も任《まか》せていて、
信頼《しんらい》しています。

竹守《たけもり》さんはまだ1年目《ねんめ》。
これからもっと
仕事《しごと》を覚《おぼ》えてもらって、
がんばってもらいたいですね。
それと卓球《たっきゅう》も企業《きぎょう》として
応援《おうえん》していきたいと
思《おも》っています。
スーパーで働《はたら》くうえで
大切《たいせつ》なのは、
・時間《じかん》を守《まも》れること
・いつも清潔《せいけつ》でいること
・社会《しゃかい》の基本《きほん》ルールを
理解《りかい》していることです。
あとは「やる気《き》」があれば、
会社《かいしゃ》は働《はたら》く本人《ほんにん》をしっかり
サポートしていきますよ。
ありがたいことに、
原田《はらだ》さん、竹守《たけもり》くんは
仕事《しごと》に対《たい》してとても前向《まえむ》きです。
これからも仕事《しごと》を通《とお》して、
人間的《にんげんてき》に成長《せいちょう》して
いってもらいたいですね。

考《かんが》えてみよう

ヤオコーは街《まち》のなかにある大《おお》きなスーパーです。
原田《はらだ》さんは、スーパーにある商品《しょうひん》を棚《たな》に並《なら》べるのが
仕事《しごと》です。お客様《きゃくさま》から「ほしい商品《しょうひん》はどこの棚《たな》に
ありますか？」と聞《き》かれたけどわからなかったので、
ドキッとしたことがありました。仕事《しごと》はたいへんですが、
もらった給料《きゅうりょう》で洋服《ようふく》やバッグを買《か》うのが楽《たの》しみです。

Q1 わからないことを聞《き》かれて、答《こた》えられないときに、あなたならどうしますか?

Q2 あなたは給料《きゅうりょう》をもらったらどんなものが買《か》いたいですか?

11

三幸《さんこう》・丸《まる》の内営業所《うちえいぎょうしょ》

川島博章《かわしまひろあき》さん（21歳《さい》）

仕事内容《しごとないよう》
清掃用具《せいそうようぐ》の整備《せいび》、清掃用品《せいそうようひん》の包装《ほうそう》、
エコキャップの検品《けんぴん》、
事務所内郵便物《じむしょないゆうびんぶつ》の集配《しゅうはい》、名刺作《めいしづく》りなど

こんな人《ひと》におすすめ

- 人《ひと》と接《せっ》することが好《す》き
- 丁寧《ていねい》な作業《さぎょう》が得意《とくい》

三幸《さんこう》・丸《まる》の内営業所《うちえいぎょうしょ》
場所《ばしょ》：東京都《とうきょうと》千《ち》代《よ》田《だ》区《く》
社員《しゃいん》（三幸全体《さんこうぜんたい》）：3866名《めい》
（知的障害《ちてきしょうがい》のある本人《ほんにん》：7名《めい》）

［働《はたら》く日数《にっすう》］
週5日《しゅういつか》（休《やす》みは土曜《どよう》・日曜《にちよう》）

［働《はたら》く時間《じかん》］
9:45〜16:45

［通勤《つうきん》］
自宅《じたく》から電車《でんしゃ》を
2回乗《かいの》り換《か》え、
1時間《じかん》かけて
通《かよ》っています。

右《みぎ》から2番目《ばんめ》が川島《かわしま》さん

仲間《なかま》と一緒《いっしょ》だからがんばれる

「つばさルーム」の4人組《にんぐみ》

「三幸《さんこう》」は、大《おお》きなビルや施設《しせつ》の掃除《そうじ》をする会社《かいしゃ》です。4人《にん》が働《はたら》く「丸《まる》の内営業所《うちえいぎょうしょ》」は東京駅《とうきょうえき》のすぐ近《ちか》くにあります。

ここには「つばさルーム」という部屋《へや》があり、川島博章《かわしまひろあき》さん、小越駿《こごえしゅん》さん、藤野重治《ふじのしげはる》さん、村上純《むらかみじゅん》さんの4人《にん》が働《はたら》いています。

どうして「つばさルーム」という名前《なまえ》かというと、この部屋《へや》の窓《まど》からは、山形新幹線《やまがたしんかんせん》「つばさ」が見《み》えるからです。

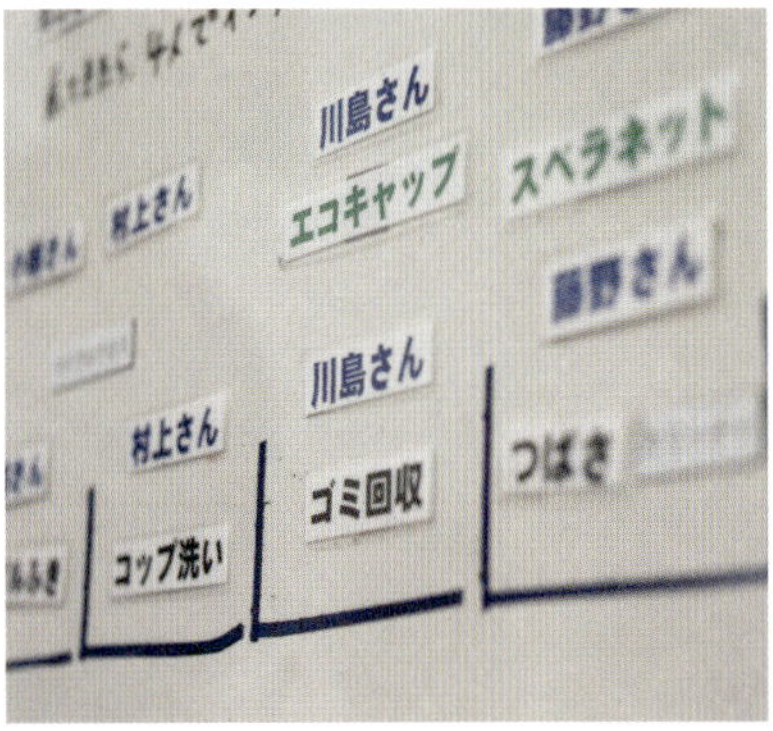

「つばさルーム」のホワイトボードには、その日《ひ》の仕事《しごと》が書《か》かれています。

4人《にん》は同《おな》じ時期《じき》に入社《にゅうしゃ》し、一緒《いっしょ》に働《はたら》いてきました。ちょうど4年目《ねんめ》になります。

川島《かわしま》さんは特別支援学校《とくべつしえんがっこう》を卒業《そつぎょう》してから約《やく》1年半《ねんはん》の間《あいだ》、障害者就労支援《しょうがいしゃしゅうろうしえん》センター「すきっぷ」で、就職《しゅうしょく》するための訓練《くんれん》をしました。

そして、いま一緒《いっしょ》に働《はたら》いているほかの3人《にん》と一緒《いっしょ》に「三幸《さんこう》」で実習《じっしゅう》を行《おこな》い、そのまま4人《にん》とも就職《しゅうしょく》することになりました。

4人《にん》はとても仲《なか》が良《よ》く、困《こま》ったときは相談《そうだん》しあえる仲間《なかま》です。

丸《まる》の内《うち》のあいさつ王子《おうじ》

川島《かわしま》さんが心《こころ》がけていることがあります。それは「あいさつ」です。職場《しょくば》の人《ひと》、仕事《しごと》で顔《かお》をあわせるほかの会社《かいしゃ》の人《ひと》、ビルの受付《うけつけ》の人《ひと》、エレベーターでよく会《あ》う人《ひと》、川島《かわしま》さんはかならず自分《じぶん》からあいさつをすることに決《き》めています。「おはようございます」「こんにちは」と、大《おお》きな声《こえ》ではっきりとあいさつするのです。

「あいさつをすると気持《きも》ちがいいので、自分《じぶん》からします。むかしから、親《おや》に言《い》われていたので、僕《ぼく》にとっては自然《しぜん》なことなんです」

あいさつがとてもすてきなので、川島《かわしま》さんは職場《しょくば》で「あいさつ王子《おうじ》」と呼《よ》ばれています。

「ただいま戻《もど》りました！」とあいさつする川島《かわしま》さん。元気《げんき》がいいので、職場《しょくば》も明《あか》るい雰囲気《ふんいき》になります。

掃除《そうじ》・洗濯《せんたく》だけでなく、パソコンを使《つか》う作業《さぎょう》も

「つばさルーム」の4人《にん》がする仕事《しごと》は、おもにビルの清掃《せいそう》をする人《ひと》たちが使《つか》う道具《どうぐ》を準備《じゅんび》することです。使《つか》い終《お》わって洗濯《せんたく》されたぞうきんをたたみ、清掃《せいそう》をする人《ひと》たちに届《とど》けるのです。

このほかに、掃除《そうじ》に使《つか》う商品《しょうひん》を袋《ふくろ》につめる仕事《しごと》やペットボトルのエコキャップの検品《けんぴん》の仕事《しごと》もあります。どれも丁寧《ていねい》にしなければならない仕事《しごと》ばかりです。

たくさんある仕事《しごと》の中《なか》でも川島《かわしま》さんが一番得意《いちばんとくい》な仕事《しごと》は「名刺作《めいしづく》り」です。パソコンを使《つか》って「三幸《さんこう》」で働《はたら》く人《ひと》たちの名刺《めいし》を作《つく》ることです。

全国《ぜんこく》の支社《ししゃ》から名刺《めいし》の注文《ちゅうもん》がきます。川島《かわしま》さんはパソコンを使《つか》って名刺《めいし》を作《つく》り、印刷《いんさつ》します。それを名刺《めいし》専用《せんよう》カッターで切《き》って、仕上《しあ》げます。

『つばさルーム』のみんなとはずっと一緒《いっしょ》にがんばってきた仲間《なかま》です。これからも一緒《いっしょ》にがんばっていきたいです」と川島《かわしま》さんはうれしそうに話《はな》します。

そして川島《かわしま》さんには営業所《えいぎょうしょ》の部長《ぶちょう》になる夢《ゆめ》があります。みんなを引《ひ》っぱっていけるように、もっともっと仕事《しごと》ができるようになりたいと思《おも》うのでした。

清掃道具《せいそうどうぐ》を届《とど》ける仕事《しごと》

「つばさルーム」の4人《にん》は他《ほか》の事務所《じむしょ》で清掃《せいそう》をしている人《ひと》たちに、清掃《せいそう》するための道具《どうぐ》を届《とど》けています。雨《あめ》の日《ひ》も、寒《さむ》い日《ひ》も、暑《あつ》い日《ひ》も、毎日《まいにち》この仕事《しごと》を続《つづ》けています。

たたんだぞうきんは歩《ある》いて10分《ぷん》の場所《ばしょ》にある事務所《じむしょ》へ届《とど》けます。

オフィスビルがたくさんある通《とお》りを歩《ある》いて行《い》きます。

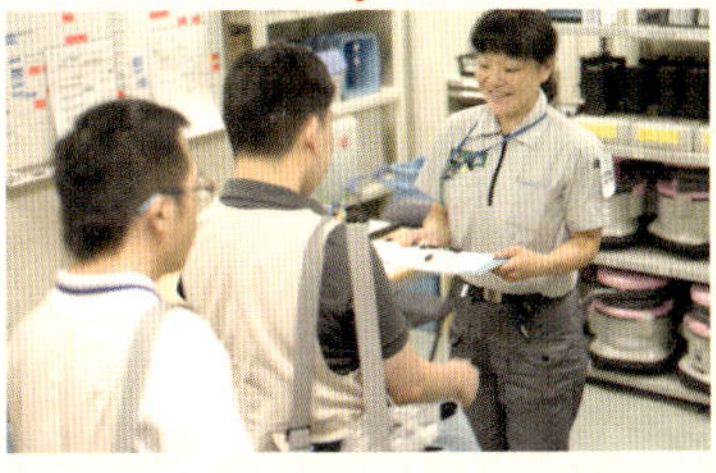

担当《たんとう》の人《ひと》にぞうきんを渡《わた》したことをチェックしてもらって、再《ふたた》び事務所《じむしょ》に戻《もど》ります。

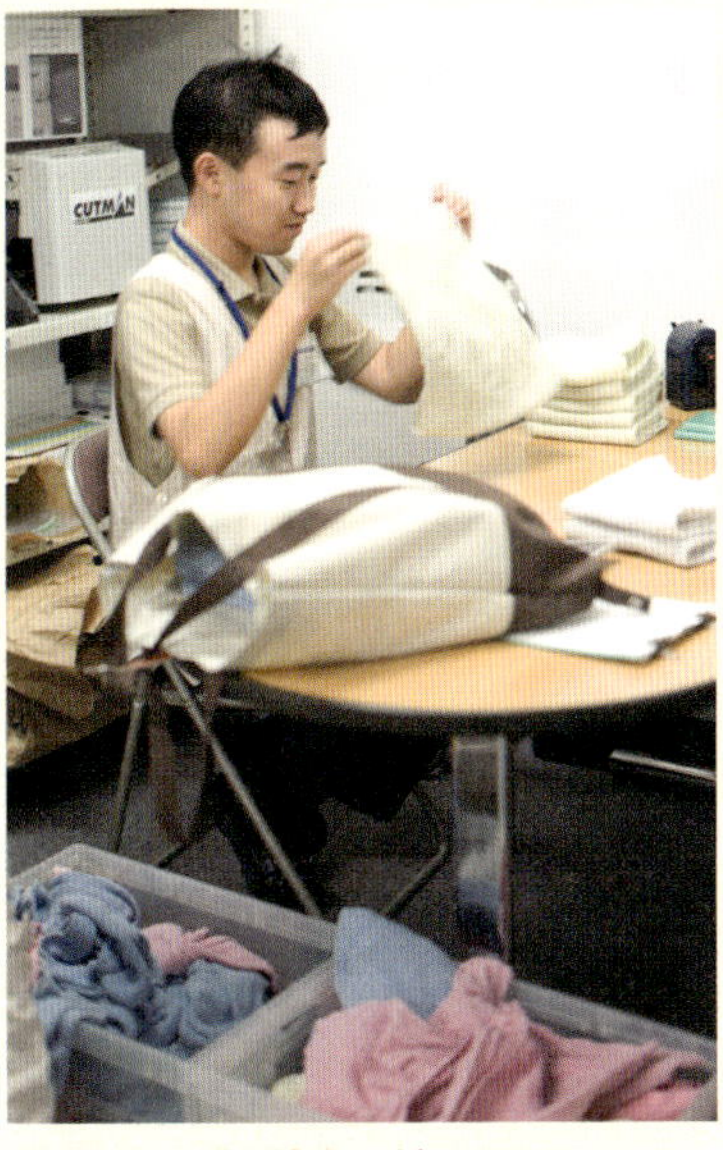

社内《しゃない》にある乾燥機《かんそうき》で乾《かわ》かしたぞうきんをきれいにたたみます。

「三幸《さんこう》・丸《まる》の内営業所《うちえいぎょうしょ》」の一日《いちにち》 ―こんな仕事《しごと》をしています

9:45

朝礼《ちょうれい》

仕事《しごと》は9:45に始《はじ》まります。
朝礼《ちょうれい》があり、指導員《しどういん》の吉田《よしだ》さんから
その日《ひ》の仕事《しごと》の説明《せつめい》があります。

10:30

午前《ごぜん》の仕事《しごと》

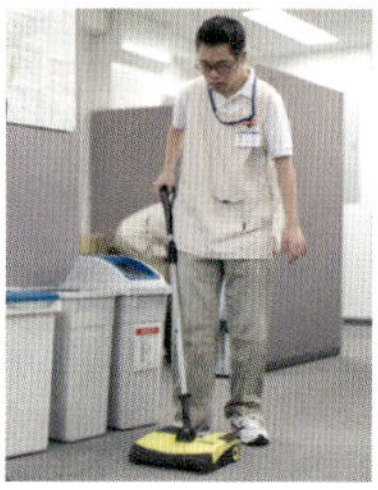

事務所《じむしょ》あての郵便物《ゆうびんぶつ》を、
郵便局《ゆうびんきょく》の私書箱《ししょばこ》まで
取《と》りに行《い》きます。
事務所《じむしょ》の掃除《そうじ》をするのも
「つばさルーム」の
みんなの仕事《しごと》です

12:00

昼休《ひるやす》み

昼休《ひるやす》みは1時間《じかん》。
昼食《ちゅうしょく》は事務所《じむしょ》の好《す》きなところで食《た》べます。
事務員《じむいん》の人《ひと》たちと一緒《いっしょ》に、
ランチを食《た》べに行《い》くこともあります。

13:00

午後《ごご》の仕事《しごと》

別《べつ》の事務所《じむしょ》へ行《い》って、
洗《あら》って乾《かわ》いたぞうきんを
たたみます。ぞうきんは、
机《つくえ》を拭《ふ》くものは青色《あおいろ》、
トイレ用《よう》はピンク色《いろ》など、
色《いろ》で分《わ》かれています。
色《いろ》ごとに分《わ》けて、
引《ひ》き出しにしまいます。

パソコンで名刺《めいし》を
作《つく》る川島《かわしま》さん。
この仕事《しごと》は川島《かわしま》さんが
担当《たんとう》です。

16:30

日誌《にっし》を書《か》く

1日《にち》の日誌《にっし》を書《か》いて、終《お》わりです。

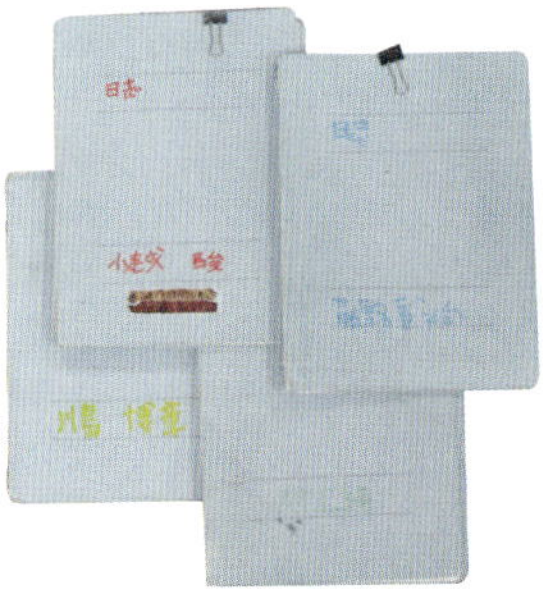

先輩《せんぱい》たちに聞《き》きました

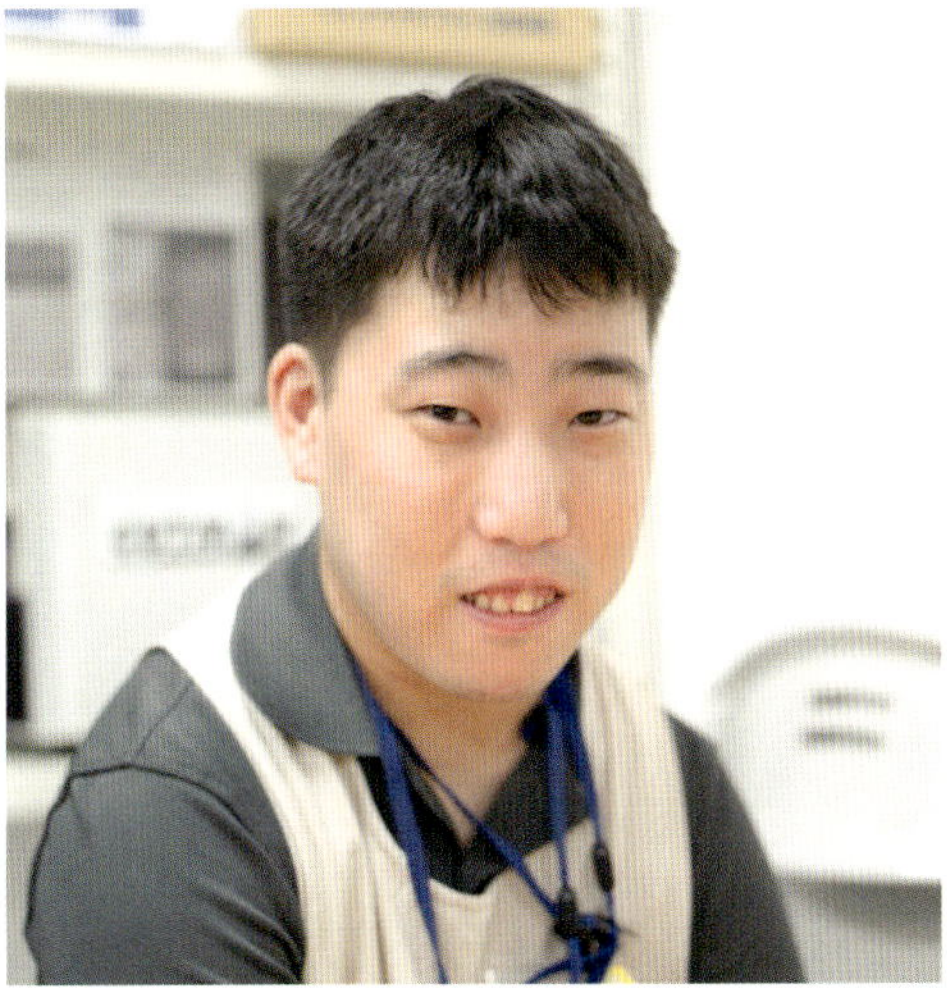

Q1 この会社《かいしゃ》(仕事《しごと》)を選《えら》んだ理由《りゆう》は?

A にぎやかなところがすきで、
都心《としん》で働《はたら》くことに
あこがれていたのと、
4人《にん》で一緒《いっしょ》に
働《はたら》きたかったからです。
窓《まど》から新幹線《しんかんせん》「つばさ」が
見《み》えるのもよかったです。

Q2 仕事《しごと》のどの部分《ぶぶん》にやりがいを感《かん》じていますか?

A 大変《たいへん》だけど、仕事《しごと》を長《なが》く続《つづ》けることが
自分《じぶん》の力《ちから》になったと思《おも》います。
作業《さぎょう》の中《なか》では、名刺作《めいしづく》りが好《す》きです。
自分《じぶん》にしかできない仕事《しごと》なので
気合《きあ》いが入《はい》ります。
それとエコキャップの仕分《しわ》けが
好《す》きです。楽《たの》しい気分《きぶん》になれます。

Q3 給料《きゅうりょう》のおもな使《つか》い道《みち》は?

A 好《す》きなゲームソフトを買《か》います。
ほかには、趣味《しゅみ》のスポーツ観戦《かんせん》の
チケットを買《か》います。生《なま》で観《み》る
スポーツ観戦《かんせん》はやっぱりすごいです。
迫力《はくりょく》がちがいます!
チケットを自分《じぶん》の給料《きゅうりょう》で買《か》うと、
試合《しあい》を見《み》に行《い》くのがとても楽《たの》しみで、
仕事《しごと》もがんばれます。

Q4 困《こま》ったことは、誰《だれ》に相談《そうだん》していますか?

A 職場《しょくば》の人《ひと》や支援《しえん》センターの人《ひと》にします。
指導員《しどういん》の吉田《よしだ》さんや津田部長《つだぶちょう》に
聞《き》いたり、訓練《くんれん》していた「すきっぷ」の
人《ひと》が来《き》たときに相談《そうだん》したりします。
でも、悩《なや》みはあまり多《おお》い方《ほう》では
ないです。「つばさルーム」の
仲間《なかま》とは、仕事《しごと》の話《はなし》をしたりします。

Q5 将来《しょうらい》の夢《ゆめ》はなんですか?

A 仕事《しごと》をもっとがんばって、
そしていつか、営業所《えいぎょうしょ》の
部長《ぶちょう》になりたいです。
そして、いつかこの会社《かいしゃ》の
社長《しゃちょう》になることが夢《ゆめ》です!

上司《じょうし》から聞《き》きました

「つばさルーム」の4人《にん》と一緒《いっしょ》に働《はたら》くようになってから、職場《しょくば》が明《あか》るくなりました。社員《しゃいん》みんながやさしくなり、私《わたし》も部下《ぶか》に怒《おこ》ったりしなくなり、気持《きも》ちが穏《おだ》やかになった気《き》がします。これも4人《にん》のおかげかもしれませんね。4人《にん》は、入社《にゅうしゃ》したころと顔《かお》つきがぜんぜん違《ちが》います。自信《じしん》がついてきたようで、私《わたし》もうれしいです。

「つばさルーム」の指導員《しどういん》になって2年《ねん》になります。4人《にん》とは会《あ》ったときからとても仲良《なかよ》く、楽《たの》しく仕事《しごと》をしています。川島《かわしま》さんは4人組《にんぐみ》のリーダーで、とても頼《たの》もしい存在《そんざい》です。コミュニケーションが苦手《にがて》な仲間《なかま》と社員《しゃいん》のあいだをつないでくれたりもします。職場《しょくば》ではいつもあいさつをしてくれて、話《はな》しかけたりしてくれるので、ほかの社員《しゃいん》も喜《よろこ》んでいると思《おも》います。

考《かんが》えてみよう

「三幸《さんこう》」で働《はたら》く川島《かわしま》さんは
「あいさつ王子《おうじ》」と呼《よ》ばれるくらい、あいさつが得意《とくい》です。
「あいさつすると気持《きも》ちいいです」と川島《かわしま》さんは話《はな》します。
でも、悩《なや》みもあります。そんなときは、
同《おな》じ職場《しょくば》で働《はたら》く「つばさルーム」の仲間《なかま》に相談《そうだん》します。
川島《かわしま》さんはそんな仲間《なかま》を大切《たいせつ》に思《おも》っています。

Q1 あなたは誰《だれ》にでも元気《げんき》にあいさつができますか?
誰《だれ》かがあなたに元気《げんき》よくあいさつしてくれると、
あなたはどんな気持《きも》ちになりますか?

Q2 あなたは悩《なや》みがあるとき相談《そうだん》する相手《あいて》がいますか?
あなたは相談《そうだん》できる相手《あいて》のことをどう思《おも》っていますか?

12

国立《くにたち》あおやぎ苑《えん》

江幡翔太《えばたしょうた》さん(19歳《さい》)

仕事内容《しごとないよう》

老人介護施設《ろうじんかいごしせつ》（お年寄《としよ》りが通《かよ》う場所《ばしょ》）の総務《そうむ》の仕事《しごと》（利用《りよう》するお年寄《としよ》りのお迎《むか》え・お見送《みおく》り、パソコン入力《にゅうりょく》、電話対応《でんわたいおう》、お弁当《べんとう》の発注《はっちゅう》など）

こんな人《ひと》におすすめ

- 人《ひと》を助《たす》ける仕事《しごと》がしたい
- パソコンの操作《そうさ》が得意《とくい》

国立《くにたち》あおやぎ苑《えん》

場所《ばしょ》:東京都《とうきょうと》国立市《くにたちし》

社員《しゃいん》:143名《めい》(法人全体《ほうじんぜんたい》:386名《めい》)

(知的障害《ちてきしょうがい》のある本人《ほんにん》:1名《めい》)

[働《はたら》く日数《にっすう》]

週5日《しゅういつか》(休《やす》みは土曜《どよう》・日曜《にちよう》)

[働《はたら》く時間《じかん》]

8:45〜17:30

[通勤《つうきん》]

家《いえ》から電車《でんしゃ》で通《かよ》っています。

責任《せきにん》ある仕事《しごと》を任《まか》される喜《よろこ》び

笑顔《えがお》とあいさつをお年寄《としよ》りのみなさんに

江幡《えばた》さんは特別支援学校《とくべつしえんがっこう》を卒業《そつぎょう》してすぐに「国立《くにたち》あおやぎ苑《えん》」に就職《しゅうしょく》しました。まだ社会人《しゃかいじん》1年目《ねんめ》の新入社員《しんにゅうしゃいん》です。

「国立《くにたち》あおやぎ苑《えん》」はお年寄《としよ》りの人《ひと》たちが通《かよ》う施設《しせつ》です。江幡《えばた》さんはそこの「総務部《そうむぶ》」という部署《ぶしょ》で働《はたら》いています。「総務部《そうむぶ》」では、お金《かね》の管理《かんり》やパソコン入力《にゅうりょく》、事務用品《じむようひん》の発注《はっちゅう》、資料《しりょう》の印刷《いんさつ》など、

お金《かね》の計算《けいさん》をする江幡《えばた》さん。
責任《せきにん》ある仕事《しごと》だからこそ、
集中《しゅうちゅう》しなければなりません。

事務的《じむてき》な仕事《しごと》をします。

いろいろな種類《しゅるい》の仕事《しごと》をする総務部《そうむぶ》ですが、江幡《えばた》さんが特《とく》に気《き》に入《い》っている仕事《しごと》があります。それはお迎《むか》えとお見送《みおく》り。

お年寄《としよ》りの皆《みな》さんは、毎日《まいにち》10時頃《じごろ》に「国立《くにたち》あおやぎ苑《えん》」へ施設《しせつ》の車《くるま》で来《き》て、16時頃《じごろ》に施設《しせつ》から自宅《じたく》へ帰《かえ》ります。

そのときに、気持《きも》ちよく施設《しせつ》に来《き》てもらうため、また自宅《じたく》へ帰《かえ》ってもらうために、江幡《えばた》さんをはじめ、職員《しょくいん》の人《ひと》たちみんなでお年寄《としよ》りの皆《みな》さんにあいさつをします。

「おはようございます！」
「ありがとうございました！」

江幡《えばた》さんは、職員《しょくいん》の中《なか》でも一番大《いちばんおお》きな声《こえ》であいさつするように心《こころ》がけています。

「仕事《しごと》が忙《いそが》しくても、元気《げんき》のない日《ひ》でも、あいさつだけは元気《げんき》にしたいんです。まだ新人《しんじん》ですから…」と江幡《えばた》さんは笑《わら》いながら話《はな》します。

▲総務部《そうむぶ》のようす。
パソコンも1人《ひとり》1台《だい》
用意《ようい》されています。
書類《しょるい》が多《おお》いので、整理《せいり》が重要《じゅうよう》。
◀笑顔《えがお》でお年寄《としよ》りの皆《みな》さんを
迎《むか》える江幡《えばた》さん。

得意《とくい》なパソコンを生《い》かして

江幡《えばた》さんは中学《ちゅうがく》のころから、パソコンが好《す》きでした。趣味《しゅみ》としてパソコンをやっていくうちに「もっと上手《じょうず》になりたい」と思《おも》うようになり、特別支援学校《とくべつしえんがっこう》の授業《じゅぎょう》でも人一倍《ひといちばい》がんばりました。1時間早《じかんはや》く学校《がっこう》へ行《い》き、パソコンの操作《そうさ》をいろいろ勉強《べんきょう》しました。そして、3年生《ねんせい》のときに「ワープロ検定1級《けんていいっきゅう》」を取《と》りました。

パソコンが得意《とくい》なことが、「国立《くにたち》あおやぎ苑《えん》」での仕事《しごと》でも生《い》きています。施設《しせつ》のお金《かね》の情報《じょうほう》を入力《にゅうりょく》したり、役所《やくしょ》に提出《ていしゅつ》する文書《ぶんしょ》を作《つく》ったり、重要《じゅうよう》な仕事《しごと》を任《まか》されています。

また、パソコンが苦手《にがて》な先輩《せんぱい》たちに「江幡《えばた》くん、この操作《そうさ》はどうしたらいいの？」と質問《しつもん》されて教《おし》えることもあります。職場《しょくば》でとても頼《たよ》りにされる存在《そんざい》なのです。

総務部《そうむぶ》は「国立《くにたち》あおやぎ苑《えん》」の玄関《げんかん》を入《はい》ったすぐのところにあります。江幡《えばた》さんは今日《きょう》もパソコンに入力《にゅうりょく》したり、ファクスを送《おく》ったり、お弁当《べんとう》を注文《ちゅうもん》したり、大忙《おおいそが》しです。

でも、江幡《えばた》さんの生《い》き生《い》きと働《はたら》く姿《すがた》は「国立《くにたち》あおやぎ苑《えん》」に訪《おとず》れるお年寄《としよ》りの人《ひと》たちを元気《げんき》にしています。「おはようございます！」

江幡《えばた》さんはこの職場《しょくば》で働《はたら》けてよかったと思《おも》っています。

江幡《えばた》さんの仕事《しごと》いろいろ

パソコンの入力《にゅうりょく》

パソコンの作業《さぎょう》をする江幡《えばた》さん。施設《しせつ》の重要《じゅうよう》な資料《しりょう》を「Excel《エクセル》」というソフトを使《つか》って入力《にゅうりょく》しています。

物品《ぶっぴん》の補充《ほじゅう》

施設《しせつ》で足《た》りていない物品《ぶっぴん》を業者《ぎょうしゃ》の人《ひと》に依頼《いらい》して届《とど》けてもらいます。

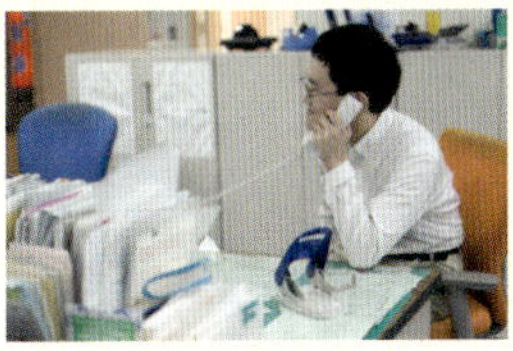

電話《でんわ》の対応《たいおう》

施設《しせつ》にかかってくる電話《でんわ》は江幡《えばた》さんが最初《さいしょ》にとります。特別支援学校《とくべつしえんがっこう》で、電話対応《でんわたいおう》はかなり勉強《べんきょう》しました。

掃除《そうじ》

施設《しせつ》の中《なか》を掃除《そうじ》する江幡《えばた》さん。広《ひろ》い施設《しせつ》を掃除《そうじ》するのはけっこう大変《たいへん》。

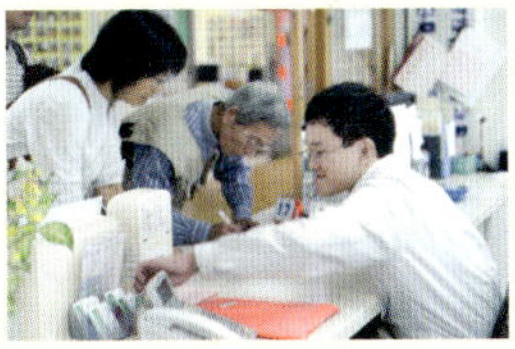

受付《うけつけ》

受付《うけつけ》で施設《しせつ》に来《く》る人《ひと》たちの対応《たいおう》をする江幡《えばた》さん。面会《めんかい》に来《き》た人《ひと》に名前《なまえ》を記入《きにゅう》してもらったり、質問《しつもん》に答《こた》えたりします。

「国立《くにたち》あおやぎ苑《えん》」の一日《いちにち》 —こんな仕事《しごと》をしています

8:40

朝礼《ちょうれい》

朝礼《ちょうれい》のようす。職員全員《しょくいんぜんいん》が集《あつ》まって、
その日《ひ》の報告《ほうこく》や、施設長《しせつちょう》からの話《はなし》があります。

9:30

利用者《りようしゃ》を迎《むか》える

地域《ちいき》のお年寄《としよ》りの方々《かたがた》が
「国立《くにたち》あおやぎ苑《えん》」に訪《おとず》れます。
いっせいに来《く》るので、とても忙《いそが》しい時間帯《じかんたい》。

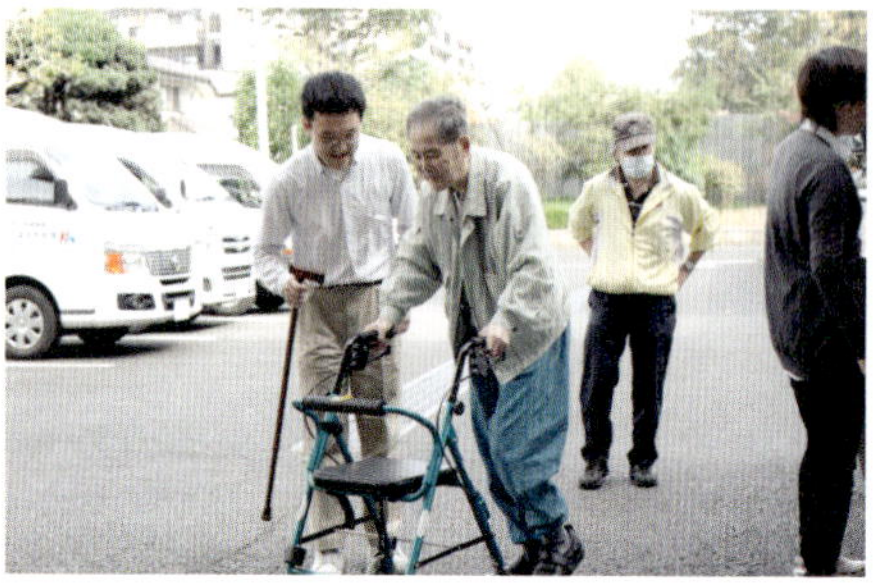

11:00

上司《じょうし》に相談《そうだん》

上司《じょうし》に質問《しつもん》する江幡《えばた》さん。わからないところは
自分《じぶん》で判断《はんだん》せず、すぐに質問《しつもん》することを、
江幡《えばた》さんは心《こころ》がけています。

12:00

昼食《ちゅうしょく》

昼食《ちゅうしょく》は毎日《まいにち》お弁当《べんとう》を注文《ちゅうもん》しています。
食《た》べる場所《ばしょ》は給湯室《きゅうとうしつ》。ちょっと狭《せま》いかな。

14:30

利用者《りようしゃ》を見送《みおく》る

施設《しせつ》に来《き》ていた人《ひと》たちが自宅《じたく》へ帰《かえ》っていきます。
「今日《きょう》もありがとうございました」と
江幡《えばた》さんは一人《ひとり》ひとりに声《こえ》かけをします。

16:00

うれしいお客様《きゃくさま》

この日《ひ》は特別支援学校《とくべつしえんがっこう》のときに
担任《たんにん》だった先生《せんせい》が江幡《えばた》さんのようすを
見《み》に来《き》てくれました。

17:30

終業《しゅうぎょう》

先輩《せんぱい》たちに聞《き》きました

Q1 この会社《かいしゃ》(仕事《しごと》)を選《えら》んだ理由《りゆう》は?

A 自宅《じたく》に近《ちか》いからです。1時間以内《じかんいない》で通《かよ》える会社《かいしゃ》を探《さが》していました。実習《じっしゅう》してみて、座《すわ》りっぱなしでも、立《た》ちっぱなしでもないのがよかったです。いろいろな人《ひと》とコミュニケーションできるのもうれしいです。

Q2 仕事《しごと》のどの部分《ぶぶん》にやりがいを感《かん》じていますか?

A 責任《せきにん》ある仕事《しごと》を任《まか》せてもらえる。パソコンの入力《にゅうりょく》でも、大事《だいじ》なデータを任《まか》されているのでミスができません。電話《でんわ》の対応《たいおう》も、相手《あいて》が気持《きも》ちよくなってくれるように、元気《げんき》に声《こえ》を出《だ》して電話《でんわ》しています。どれも大切《たいせつ》な仕事《しごと》だと思《おも》ってやっています。

Q3 仕事《しごと》で大変《たいへん》なことはありますか?

A 社会人《しゃかいじん》はビシっとすることが大事《だいじ》。学校《がっこう》ではダラダラしていてもよかったけど、社会人《しゃかいじん》になってからはお客様《きゃくさま》(施設《しせつ》に通《かよ》ってくるお年寄《としよ》りの方々《かたがた》)がいるからビシっとしなければダメです。それと、職場《しょくば》が家《いえ》から遠《とお》すぎるのは大変《たいへん》かもしれません。

Q4 給料《きゅうりょう》のおもな使《つか》い道《みち》は?

A 一人暮《ひとりく》らしが目標《もくひょう》なので、できるだけ貯金《ちょきん》しています。もうすこし仕事《しごと》に慣《な》れてきて、来年《らいねん》くらいには一人暮《ひとりく》らしの準備《じゅんび》に入《はい》りたいと思《おも》っています。会社《かいしゃ》の近《ちか》くに住《す》んで、時間《じかん》に余裕《よゆう》がもてるといいなと思《おも》っています。

Q5 困《こま》ったときは誰《だれ》に相談《そうだん》しますか?

A すぐに上司《じょうし》に相談《そうだん》します。自分《じぶん》は困《こま》るのが苦手《にがて》なので、困《こま》る前《まえ》に先輩《せんぱい》に質問《しつもん》します。忙《いそが》しいときは本当《ほんとう》に忙《いそが》しいですが、そんな時《とき》でも落《お》ちついて、笑顔《えがお》で仕事《しごと》ができるようになりたいです。

上司《じょうし》から聞《き》きました

この仕事《しごと》の基本《きほん》はあいさつです。
江幡《えばた》くんは
声《こえ》が大《おお》きくて元気《げんき》なので、
高齢者《こうれいしゃ》の皆《みな》さんがきっと
「自分《じぶん》の孫《まご》」みたいに
思《おも》っているのでは
ないでしょうか。
総務部《そうむぶ》の仕事《しごと》は
たくさんある仕事《しごと》を
「すばやく」やっていくことが
大切《たいせつ》です。
江幡《えばた》くんは動《うご》きもはやいし、
一《ひと》つひとつ「何《なに》をすべきか」を
考《かん》えながら仕事《しごと》をするので、
大《おお》きな戦力《せんりょく》になっています。
そして何《なに》より、パソコンが
詳《くわ》しいです。施設《しせつ》の中《なか》には、
困《こま》ったら江幡《えばた》くんに
わざわざ聞《き》きにくる人も
いるくらいです。じつは、
私《わたし》もその一人《ひとり》(笑《わらい》)。
教《おし》えるのもとても上手《じょうず》です。
施設《しせつ》としては、江幡《えばた》くんに
自分《じぶん》のペースで仕事《しごと》を
覚《おぼ》えてもらおうと、
「電話《でんわ》の対応《たいおう》」
「受付《うけつけ》の仕方《しかた》」など
むずかしい仕事《しごと》は
「仕事《しごと》のやりかた
(マニュアル)」のノートを
江幡《えばた》くんと一緒《いっしょ》に作《つく》りました。
江幡《えばた》くんはすこし
がんばりすぎるところが
あるので、肩《かた》の力《ちから》を抜《ぬ》いて
やってほしいと思《おも》っています。
まだ社会人《しゃかいじん》は
これからですからね。

考《かんが》えてみよう

「国立《くにたち》あおやぎ苑《えん》」はお年寄《としよ》りが通《かよ》う施設《しせつ》です。
江幡《えばた》さんはいろいろな仕事《しごと》をたくさんこなす
「総務部《そうむぶ》」で働《はたら》いています。
江幡《えばた》さんは職場《しょくば》の人《ひと》たちに認《みと》められているので、
たくさんの仕事《しごと》を任《まか》されています。

Q1 **会社《かいしゃ》では、あなたが担当《たんとう》していること以外《いがい》の仕事《しごと》を頼《たの》まれることがあります。そのときあなたはどうしますか?**

Q2 **仕事《しごと》を任《まか》される。それは、どういうことだと思《おも》いますか?**

13

社会福祉法人《しゃかいふくしほうじん》あだちの里《さと》
竹《たけ》の塚《づか》ひまわり園《えん》

小木芳広《おぎよしひろ》さん（39歳《さい》）

仕事内容《しごとないよう》 施設内《しせつない》の清掃《せいそう》 等《など》

こんな人《ひと》におすすめ

- きれい好《ず》き
- 体《からだ》を動《うご》かすのが好《す》き

社会福祉法人《しゃかいふくしほうじん》あだちの里《さと》
竹《たけ》の塚《つか》ひまわり園《えん》
場所《ばしょ》：東京都足立区《とうきょうとあだちく》
定員《ていいん》：112名《めい》

[働《はたら》く日数《にっすう》]
週5日《しゅういつか》（休《やす》みは土曜《どよう》・日曜《にちよう》）

[働《はたら》く時間《じかん》]
8:15〜15:00

[通勤《つうきん》]
自宅《じたく》から自転車《じてんしゃ》で
15分《ふん》かけて通《かよ》っています。

一般就労《いっぱんしゅうろう》をめざして

企業《きぎょう》で仕事《しごと》をするための準備期間《じゅんびきかん》

「竹《たけ》の塚《つか》ひまわり園《えん》」は、東京《とうきょう》の足立区《あだちく》にあります。近《ちか》くには大《おお》きな団地《だんち》があり、公園《こうえん》もあって、車《くるま》もたくさん通《とお》っています。「竹《たけ》の塚《づか》ひまわり園《えん》」で働《はたら》く小木芳広《おぎよしひろ》さんは2年半前《ねんはんまえ》、この施設《しせつ》に実習《じっしゅう》に来《き》ました。

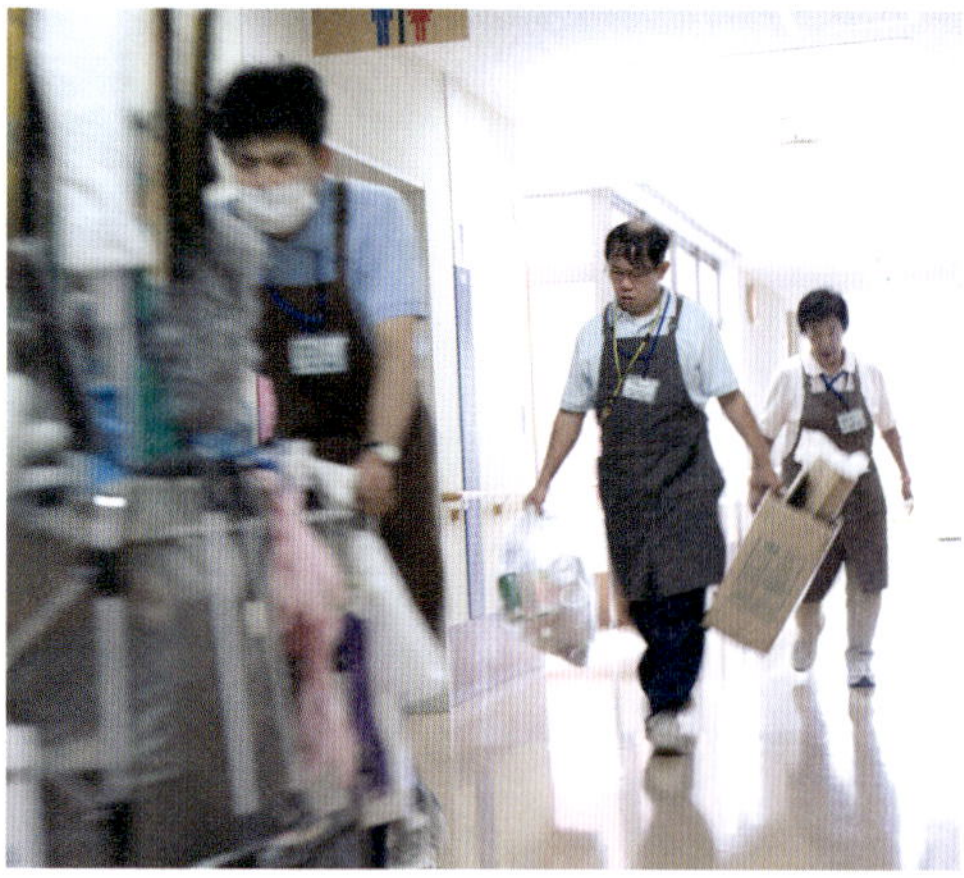

クリーンチームのほかのメンバーと協力《きょうりょく》しながら、掃除《そうじ》していきます。

現在《げんざい》、小木《おぎ》さんは「竹《たけ》の塚《つか》ひまわり園《えん》」で給料《きゅうりょう》をもらいながら、企業《きぎょう》で働《はたら》くための技術《ぎじゅつ》を身《み》につけています。小木《おぎ》さんは一般就労《いっぱんしゅうろう》を目指《めざ》しているので、今《いま》はその準備期間《じゅんびきかん》。

小木《おぎ》さんは今《いま》、「あだちの里《さと》」などの施設《しせつ》を掃除《そうじ》する「クリーンチーム」の一員《いちいん》です。4~5人《にん》が1つのチームになって、施設《しせつ》の掃除《そうじ》を行《おこな》います。

小木《おぎ》さんのチームは、入所施設《にゅうしょしせつ》の掃除《そうじ》が担当《たんとう》です。入所施設《にゅうしょしせつ》の中《なか》には、施設《しせつ》で暮《く》らしている人《ひと》たちが活動《かつどう》するための大《おお》きな部屋《へや》や、一人《ひとり》ひとりが生活《せいかつ》する個室《こしつ》のほか、廊下《ろうか》や洗面所《せんめんじょ》、食堂《しょくどう》など、掃除《そうじ》するところがたくさんあります。

チームのメンバーと協力《きょうりょく》しながら、いろいろな掃除道具《そうじどうぐ》を使《つか》い、建物《たてもの》のすみずみまで掃除《そうじ》していきます。

施設《しせつ》には掃除《そうじ》する場所《ばしょ》がたくさんあります。
手《て》をぬかず、細《こま》かい場所《ばしょ》まで丁寧《ていねい》に掃除《そうじ》する小木《おぎ》さん。

仕事《しごと》を辞《や》めて、また就職《しゅうしょく》して…

小木《おぎ》さんは、養護学校《ようごがっこう》を卒業後《そつぎょうご》してからすぐ
地元《じもと》の一般企業《いっぱんきぎょう》に就職《しゅうしょく》しました。
はじめは仕事《しごと》も人間関係《にんげんかんけい》も
うまくいっていました。
しかし、会社《かいしゃ》の上司《じょうし》が代《か》わってから、
その上司《じょうし》とうまくコミュニケーションが
とれなくなってしまい、
仕事《しごと》を続《つづ》けられなくなりました。
9年半勤《ねんはんつと》めましたが、
小木《おぎ》さんは会社《かいしゃ》を辞《や》めることにしました。
小木《おぎ》さんはその後《ご》しばらく、
何《なに》もする気《き》がおきませんでした。
また働《はたら》こうという気持《きも》ちになるまでに、
時間《じかん》がかかりました。
仕事《しごと》を辞《や》めて1年後《ねんご》、支援者《しえんしゃ》の紹介《しょうかい》で、
給料《きゅうりょう》をもらいながら
就職《しゅうしょく》するための準備《じゅんび》をし、
やっと自分《じぶん》が希望《きぼう》する会社《かいしゃ》に就職《しゅうしょく》できました。
しかし、同僚《どうりょう》や上司《じょうし》と
人間関係《にんげんかんけい》がうまくいかず、

結局《けっきょく》、1年間《ねんかん》で、その会社《かいしゃ》も
やめることになってしまいました。
小木《おぎ》さんはまたしばらく、
次《つぎ》の就職先《しゅうしょくさき》を見《み》つける元気《げんき》が出《で》ませんでした。
しかし、前《まえ》に就職《しゅうしょく》を支援《しえん》してくれた人《ひと》が
「『竹《たけ》の塚《づか》ひまわり園《えん》』で実習《じっしゅう》してみない？」と
誘《さそ》ってくれました。
小木《おぎ》さんは実習《じっしゅう》を受《う》け、もう一度《いちど》
企業《きぎょう》で働《はたら》くことを目指《めざ》して
がんばろうと決《き》めたのです。
「一般就労《いっぱんじゅうろう》したくてもできなくて、

たくさん悩《なや》みました。もういいやって
家《いえ》でダラダラしていた時期《じき》もありました。
でも、周《まわ》りの支援者《しえんしゃ》の人《ひと》が
声《こえ》をかけてくれたりして、今《いま》こうして
がんばれているので、『人《ひと》とのつながり』は
大切《たいせつ》だな、と思《おも》います」と話《はな》す小木《おぎ》さん。
今《いま》の仕事《しごと》は給料《きゅうりょう》が少《すく》ないし、
仕事《しごと》の量《りょう》も多《おお》いのでたいへんです。
それでも、清掃《せいそう》の仕事《しごと》を生《い》かしながら、
自分《じぶん》に合《あ》った職場《しょくば》で働《はたら》けることを目指《めざ》して、
小木《おぎ》さんはがんばっています。

スキルアップのための「自立講座《じりつこうざ》」

「竹《たけ》の塚《づか》ひまわり園《えん》」では、週《しゅう》に一度《いちど》、
仕事《しごと》が終《お》わった後《あと》に、企業《きぎょう》に就職《しゅうしょく》したい人向《ひとむ》けの
勉強会《べんきょうかい》「自立講座《じりつこうざ》」があります。
テーブルのふき方《かた》、ダスターの正《ただ》しい使《つか》い方《かた》など、
掃除《そうじ》のプロになるための技術《ぎじゅつ》を身《み》につけます。
仕事《しごと》の後《あと》で参加《さんか》するのは大変《たいへん》ですが、
小木《おぎ》さんは企業《きぎょう》に就職《しゅうしょく》したいので、
がんばって「自立講座《じりつこうざ》」に参加《さんか》しています。

就労担当《しゅうろうたんとう》の支援者《しえんしゃ》が一般企業《いっぱんきぎょう》で働《はたら》くための
マナーや技術《ぎじゅつ》を丁寧《ていねい》に教《おし》えてくれます。

「竹《たけ》の塚《づか》ひまわり園《えん》」の一日《いちにち》 —こんな仕事《しごと》をしています

8:15

朝礼《ちょうれい》

作業服《さぎょうふく》に着替《きが》えて集合《しゅうごう》し、
朝礼《ちょうれい》と体操《たいそう》を行《おこな》います。

8:30

朝《あさ》の清掃《せいそう》

入所施設《にゅうしょしせつ》の掃除《そうじ》をします。まずは、
1階《かい》の大《おお》きな部屋《へや》を掃除《そうじ》します。
ここは入所《にゅうしょ》している人《ひと》たちの活動《かつどう》の場所《ばしょ》です。

10:15

休《きゅう》けい

お茶《ちゃ》とお菓子《かし》で、
ほっと一息《ひといき》。

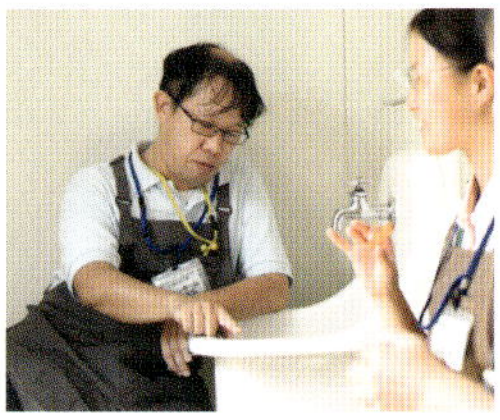

10:30

午前《ごぜん》の清掃《せいそう》

1階《かい》の廊下《ろうか》と会議室《かいぎしつ》を掃除《そうじ》します。

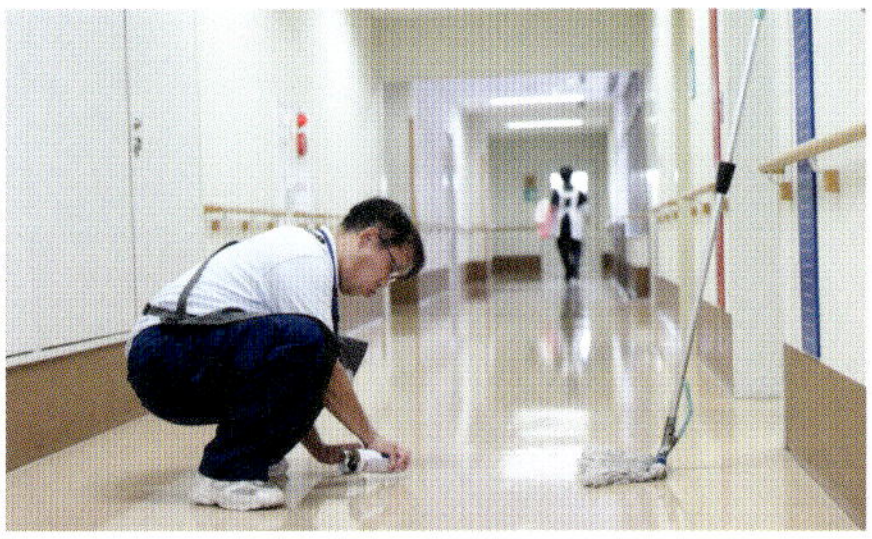

12:00

昼休《ひるやす》み

昼休《ひるやす》みは1時間《じかん》。昼食《ちゅうしょく》は食堂《しょくどう》で食《た》べます。

13:00

午後《ごご》の清掃《せいそう》

窓《まど》ふき、外《そと》の廊下《ろうか》に
置《お》かれている灰皿《はいざら》の
取《と》り換《か》えなど、
施設《しせつ》の隅々《すみずみ》まで
きれいに仕上《しあ》げます。

15:00

終業《しゅうぎょう》

清掃《せいそう》の道具《どうぐ》

清掃《せいそう》に使《つか》う掃除用具《そうじようぐ》は掃除機《そうじき》やモップなど
たくさんの種類《しゅるい》があります。
これを作業《さぎょう》ごとに使《つか》い分《わ》けながら
掃除《そうじ》していきます。

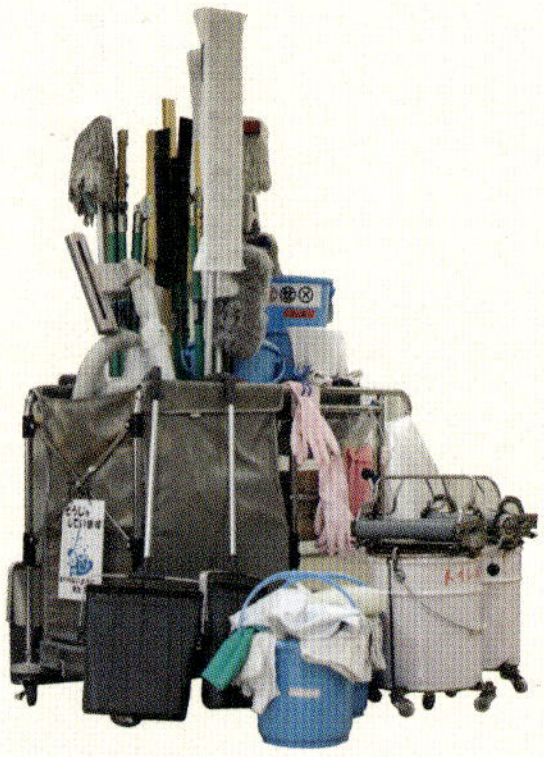

先輩《せんぱい》たちに聞《き》きました

Q1 この会社《かいしゃ》(仕事《しごと》)を選《えら》んだ理由《りゆう》は?

A ずっとお世話《せわ》になっていた
就労支援《しゅうろうしえん》センターの支援者《しえんしゃ》に
すすめられて、「竹《たけ》の塚《つか》ひまわり園《えん》」の
実習《じっしゅう》を受《う》けることにしました。
そのあと面接《めんせつ》を受《う》けて、
「ここで働《はたら》いてみよう」と決《き》めました。

Q2 仕事《しごと》のどの部分《ぶぶん》にやりがいを感《かん》じていますか?

A 仕事《しごと》はたいへんですが、
施設《しせつ》にいる人《ひと》や職員《しょくいん》の人《ひと》たちに、
「きれいにしてくれてありがとう」と
言《い》われると、うれしくなります。
もともと掃除《そうじ》が得意《とくい》という
わけではないけど、
一生懸命《いっしょうけんめい》やってよかったなと思《おも》います。

Q3 給料《きゅうりょう》のおもな使《つか》い道《みち》は?

A あまりお金《かね》は使《つか》いません。
ときどきビールやつまみを買《か》って、
家《いえ》でお酒《さけ》を飲《の》むのを楽《たの》しみます。
もうすこしお金《かね》が稼《かせ》げるように
なったら、ゲームセンターに行《い》ったり、
映画《えいが》に行《い》ったりして、
遊《あそ》ぶ機会《きかい》を増《ふ》やしたいです。

Q4 困《こま》ったことは、誰《だれ》に相談《そうだん》していますか?

A 別《べつ》の部署《ぶしょ》の人《ひと》に電話《でんわ》やメールで
相談《そうだん》したりします。
同《おな》じチームで働《はたら》いていたり、
支援者《しえんしゃ》に相談《そうだん》をするのが苦手《にがて》です。
今《いま》は、仕事場《しごとば》以外《いがい》で相談《そうだん》できる人《ひと》を
探《さが》しています。

Q5 将来《しょうらい》の夢《ゆめ》はなんですか?

A 一般《いっぱん》企業《きぎょう》に就職《しゅうしょく》して、
清掃《せいそう》の仕事《しごと》をしたいです。
でも、それよりも自分《じぶん》のことを
よく理解《りかい》してくれる人《ひと》が
たくさんいる職場《しょくば》で
仕事《しごと》をしたいと思《おも》います。

コラム

困《こま》ったことがあったら だれに相談《そうだん》すればいいの？

皆《みな》さんが卒業《そつぎょう》して働《はたら》きはじめると、
教室《きょうしつ》にいる同級生《どうきゅうせい》とも離《はな》ればなれになるし、
学校《がっこう》の先生《せんせい》もいません。
そして、職場《しょくば》には上司《じょうし》や、
一緒《いっしょ》に働《はたら》く同僚《どうりょう》たちがいます。
あたらしい環境《かんきょう》に慣《な》れるまでは、
自分《じぶん》を理解《りかい》してもらえなかったり、
悩《なや》みが増《ふ》えてしまうかもしれません。
さて、そんなとき、
みなさんはどうしますか？
ちかくに相談《そうだん》する人《ひと》はいますか？
相談《そうだん》する場所《ばしょ》を知《し》っていますか？

まず相談《そうだん》できるのは身近《みぢか》にいる
こんな人《ひと》たちです。

学校《がっこう》の先生《せんせい》

親《おや》

友達《ともだち》

また、身近《みぢか》な人《ひと》だけでなく、次《つぎ》のような場所《ばしょ》
でもあなたの悩《なや》みが聞《き》いてもらえます。

市役所《しやくしょ》の障害福祉課《しょうがいふくしか》

生活《せいかつ》や困《こま》ったことを解決《かいけつ》するために
相談《そうだん》に乗《の》ってくれる人《ひと》がいます。
ケースワーカーや相談員《そうだんいん》と呼《よ》ばれています。

ハローワーク

自分《じぶん》が住《す》んでいたり、働《はたら》いている地域《ちいき》の
ハローワーク。ここには「専門援助部門《せんもんえんじょぶもん》」と
いう窓口《まどぐち》があり、職場《しょくば》や就職《しゅうしょく》に関《かん》する
相談《そうだん》に乗《の》ってくれるでしょう。

就労支援《しゅうろうしえん》センター

ここは働《はたら》いている障害《しょうがい》のある人《ひと》の仕事《しごと》や
生活《せいかつ》のサポートをしてくれる場所《ばしょ》です。
ここには相談員《そうだんいん》と呼《よ》ばれる人《ひと》がいて、
皆《みな》さんの職場《しょくば》の人間関係《にんげんかんけい》や
転職《てんしょく》の相談《そうだん》にのってくれます。

相談支援《そうだんしえん》センター

困《こま》ったことを整理《せいり》して、
どこに相談《そうだん》しにいくのが良《よ》いかを、
一緒《いっしょ》に考《かんが》え、実現《じつげん》していく場所《ばしょ》です。

悩《なや》みごとがあるときに自分《じぶん》で
解決《かいけつ》しようとすることは
すばらしいことだと思《おも》います。
しかし、人《ひと》の手《て》をかりた方《ほう》が、
早《はや》くいい方向《ほうこう》へつながって、
自分《じぶん》が楽《らく》になることもあります。
自分《じぶん》で解決《かいけつ》しようとして
うまくいかないと感《かん》じたときは、
全部悩《ぜんぶなや》みを言《い》わなくてもいいから、
「悩《なや》んでいます」
と誰《だれ》かに伝《つた》えてみてはどうですか？
話《はなし》を聞《き》いてくれた人《ひと》が、
あなたが何《なに》に悩《なや》んでいるか、
整理《せいり》してくれるかもしれません。

14

アートセンター画楽《がらく》
豊永智成《とよながともしげ》さん(37歳《さい》)
杉本早帆《すぎもとさほ》さん(23歳《さい》)

仕事内容《しごとないよう》 アート活動《かつどう》（絵《え》、ちぎり絵《え》、粘土《ねんど》などの作品作《さくひんづく》り）。そのほかにも、気《き》のあう仲間《なかま》とおしゃべりしたり、スタッフの人《ひと》に相談《そうだん》しに立《た》ち寄《よ》るだけでもよい。

こんな人《ひと》におすすめ

- 自分《じぶん》を表現《ひょうげん》するのが好《す》き
- 人《ひと》と接《せっ》するのが好《す》き

アートセンター画楽《がらく》
場所《ばしょ》:高知県高知市《こうちけんこうちし》
サービスの種類《しゅるい》:
①個別支援《こべつしえん》のアート活動《かつどう》
②気軽《きがる》に立《た》ち寄《よ》れる居場所《いばしょ》

①も②も、登録《とうろく》して「画楽登録《がらくとうろく》メンバー」にならなくてはいけません。
メンバーになると、毎日《まいにち》(水曜《すいよう》・土曜《どよう》は休《やす》み)いつでも「アートセンター画楽《がらく》」に来《く》ることができます。

[働《はたら》く日数《にっすう》]

メンバーに登録《とうろく》すれば、いつでも立《た》ち寄《よ》ってよい

[働《はたら》く時間《じかん》]

「アートセンター画楽《がらく》」は平日《へいじつ》13:00〜18:00、日曜《にちよう》・祝日《しゅくじつ》10:00~16:00に開《あ》いているので、いつでも来《き》てよい。

[通勤《つうきん》]

豊永《とよなが》さんは作業所《さぎょうしょ》が終《お》わると、歩《ある》いて通《かよ》っています。
杉本《すぎもと》さんは有償《ゆうしょう》ボランティアの送迎《そうげい》を使《つか》っています。

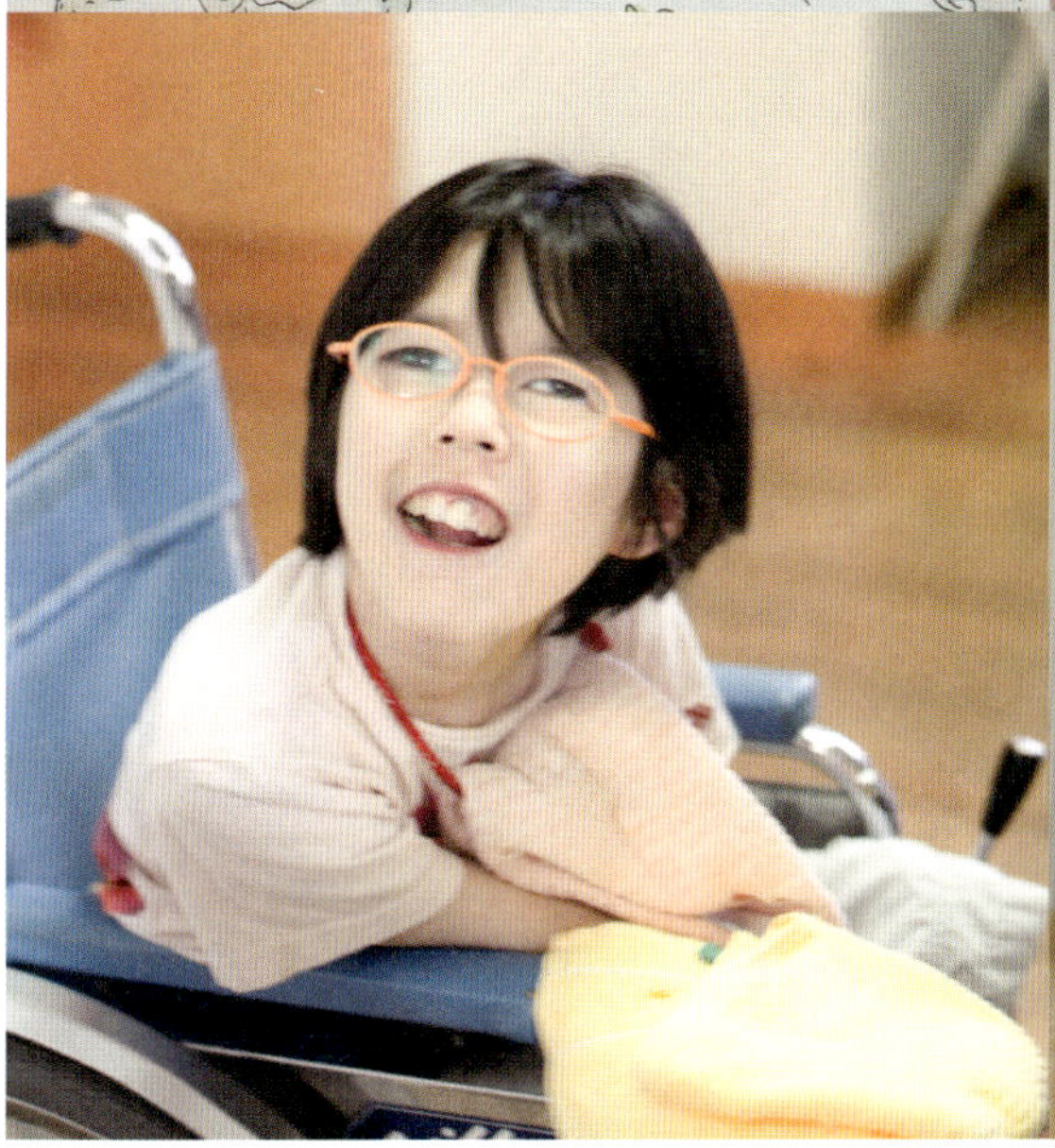

地域《ちいき》のなかでアート活動《かつどう》

ぼくはちぎり絵《え》の先生《せんせい》

「アートセンター画楽《がらく》」は障害《しょうがい》のある人《ひと》が
アートを楽《たの》しむ場所《ばしょ》です。
仕事《しごと》をして給料《きゅうりょう》をもらうのではなく、
絵《え》を描《か》いたり、粘土《ねんど》を使《つか》って
作品《さくひん》を作《つく》って楽《たの》しんだり、地域《ちいき》に住《す》む
いろいろな人《ひと》たちと出会《であ》うことができます。
こういう場所《ばしょ》を
「地域活動支援《ちいきかつどうしえん》センター」といいます。
豊永智成《とよながともしげ》さんは養護学校《ようごがっこう》を卒業《そつぎょう》してすぐ、
施設《しせつ》でシールを貼《は》ったり、
掃除《そうじ》をする仕事《しごと》をはじめました。
そして3年前《ねんまえ》から仕事《しごと》が変《か》わり、
同《おな》じ施設《しせつ》がやっているパン屋《や》で働《はたら》いています。
現在《げんざい》は、パンの生地《きじ》をこねる仕事《しごと》を
任《まか》されていて、やりがいも感《かん》じています。
豊永《とよなが》さんは、パン屋《や》の仕事《しごと》が
午後《ごご》3時半《じはん》までなので、仕事帰《しごとがえ》りに週《しゅう》3〜4回《かい》、
「アートセンター画楽《がらく》」に立《た》ち寄《よ》ります。
そこで、ちぎり絵《え》をするのです。

豊永《とよなが》さんがちぎり絵《え》をはじめたのは
養護学校《ようごがっこう》のとき。
学校《がっこう》の先生《せんせい》が教《おし》えてくれました。
豊永《とよなが》さんはそれからちぎり絵《え》に
夢中《むちゅう》になりました。
パン屋《や》で働《はたら》くのは楽《たの》しいし、
ちぎり絵《え》も続《つづ》けたかったので、
豊永《とよなが》さんは仕事帰《しごとがえ》りにこうして
「アートセンター画楽《がらく》」に立《た》ち寄《よ》り、
そこにいる仲間《なかま》と
楽《たの》しくおしゃべりをしながら、
ちぎり絵《え》を楽《たの》しんでいます。
そんな豊永《とよなが》さんは、
「ちぎり絵《え》の先生《せんせい》」でもあります。
ある日《ひ》、豊永《とよなが》さんの作品《さくひん》を見《み》て感動《かんどう》した
地域《ちいき》の人《ひと》から「豊永《とよなが》さんにちぎり絵《え》を
教《おし》えてほしい」とお願《ねが》いされました。
スタッフの人《ひと》と相談《そうだん》して、豊永《とよなが》さんは
「ちぎり絵教室《えきょうしつ》」を
はじめることにしました。
今《いま》では、毎週月曜日《まいしゅうげつようび》に教室《きょうしつ》を開《ひら》いていて、
生徒《せいと》も3人《にん》います。
「豊永《とよなが》さんは明《あか》るいし、教《おし》え方《かた》が
とても上手《じょうず》。楽《たの》しくちぎり絵《え》を学《まな》んでます」
と話《はな》すのは生徒《せいと》の一人《ひとり》、朝倉《あさくら》さん。
いつか授業料《じゅぎょうりょう》をもらえるくらいになって、
新《あたら》しいゲーム機《き》を買《か》うのが
豊永《とよなが》さんの目標《もくひょう》です。

ちぎり絵教室《えきょうしつ》のようす

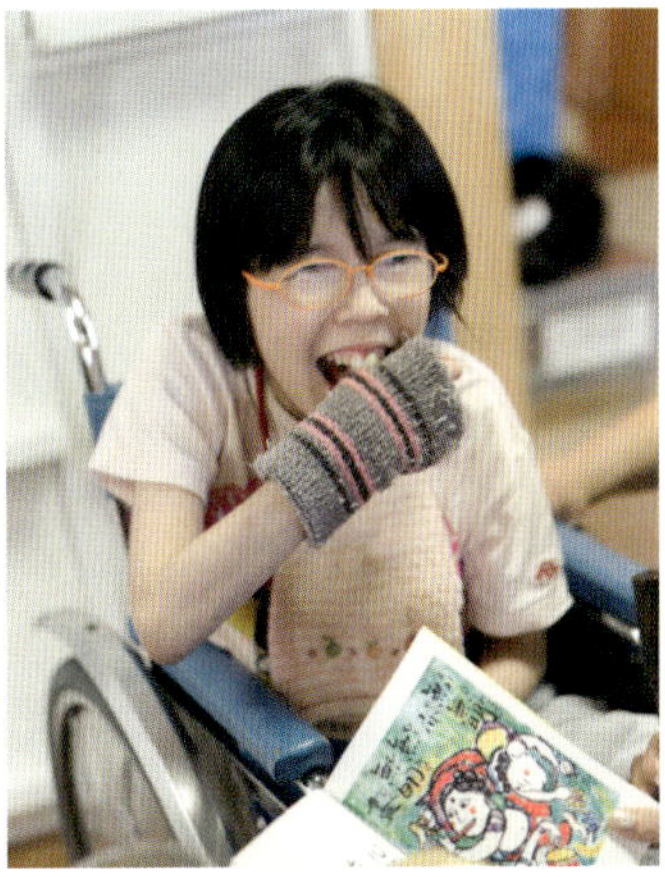

「般若心経《はんにゃしんぎょう》」を耳《みみ》にして
喜《よろこ》ぶ早帆《さほ》さん。

どんどん広《ひろ》がる、早帆《さほ》さんの生活《せいかつ》

杉本早帆《すぎもとさほ》さんは重《おも》い障害《しょうがい》があって、
自分《じぶん》で話《はな》したり、
歩《ある》いたりすることができません。
でも、人《ひと》の笑《わら》った顔《かお》や、
楽《たの》しくおしゃべりしている場所《はしょ》に
いることが大好《だいす》きです。
また、光《ひか》るものや
いろいろな色《いろ》を使《つか》った絵《え》も大好《だいす》きです。
早帆《さほ》さんは施設《しせつ》で日中活動《にっちゅうかつどう》が終《お》わった
あと、17時《じ》から18時《じ》までの1時間《じかん》、
「アートセンター画楽《がらく》」に来《き》ています。

早帆《さほ》さんのお母《かあ》さんは
お店《みせ》をやっていて、
18時《じ》まではどうしても早帆《さほ》さんと
一緒《いっしょ》にいられないのです。
早帆《さほ》さんは「アートセンター画楽《がらく》」に来《く》ると、
飲《の》み物《もの》を飲《の》んだり、
仲間《なかま》が話《はな》しているのをじっと見《み》たり、
カラフルな絵本《えほん》を見《み》て楽《たの》しんでいます。
とくに好《す》きなのが「般若心経《はんにゃしんぎょう》」の絵本《えほん》。
「般若心経《はんにゃしんぎょう》」とはお経《きょう》のことです。
スタッフがお経《きょう》を読《よ》んであげると、
早帆《さほ》さんはうれしい表情《ひょうじょう》で、
声《こえ》をあげて喜《よろこ》びます。

そんな喜《よろこ》ぶ早帆《さほ》さんを見《み》て、
一緒《いっしょ》にいる仲間《なかま》やスタッフも
うれしくなります。
早帆《さほ》さんが笑顔《えがお》でいると、
「アートセンター画楽《がらく》」は
明《あか》るい雰囲気《ふんいき》になるのです。
早帆《さほ》さんが「アートセンター画楽《からく》」に
通《かよ》うようになってもう2年《ねん》。
もっとたくさんの人《ひと》と出会《であ》って、
新《あたら》しいものにチャレンジして、
早帆《さほ》さんの生活《せいかつ》は
ますます広《ひろ》がっていくことでしょう。

「きょうのできごと」

「早帆《さほ》さんはいつも何《なに》を
見《み》ているんだろう?」
そう思《おも》ったスタッフが早帆《さほ》さんが
見《み》ている視線《しせん》から写真《しゃしん》を撮《と》り、
その写真《しゃしん》をまとめた
「きょうのできごと」という
日記《にっき》を作《つく》っています。

この日記《にっき》をスタッフが
毎週《まいしゅう》、早帆《さほ》さんの
お母《かあ》さんに
読《よ》んでもらっています。

「アートセンター画楽《がらく》」の一日《いちにち》 —こんな活動《かつどう》をしています

13:00

川田花菜《かわだかな》さん

なかなか学校《がっこう》に通《かよ》えない
川田花菜《かわたかな》さんは、
週《しゅう》に2〜3回《かい》、
「アートセンター画楽《がらく》」
に来《き》て、絵《え》を
描《か》いています。

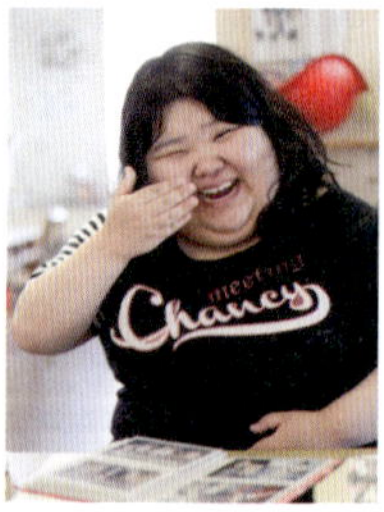

14:00

岡田《おかだ》 文《ふみ》さん

岡田文《おかだふみ》さんは軽度《けいど》の知的障害《ちてきしょうがい》があります。
絵《え》を描《か》くのが好《す》きで、メモ帳《ちょう》や
ポストカードなど、商品《しょうひん》にも使《つか》われています。

15:00

スタッフの関《かか》わり

「アートセンター画楽《がらく》」では、通《かよ》ってくる
みんながやりたいことを見《み》つけたり、
思《おも》う通《とお》りに作《つく》りあげるための
お手伝《てつだ》いをしています。

17:00

散歩《さんぽ》

豊永《とよなが》さんが早帆《さほ》さんの車《くるま》いすを押《お》して、
一緒《いっしょ》に散歩《さんぽ》。豊永《とよなか》さんは早帆《さほ》さんにとって
〝良《よ》きお兄《にい》さん〟なんですね。

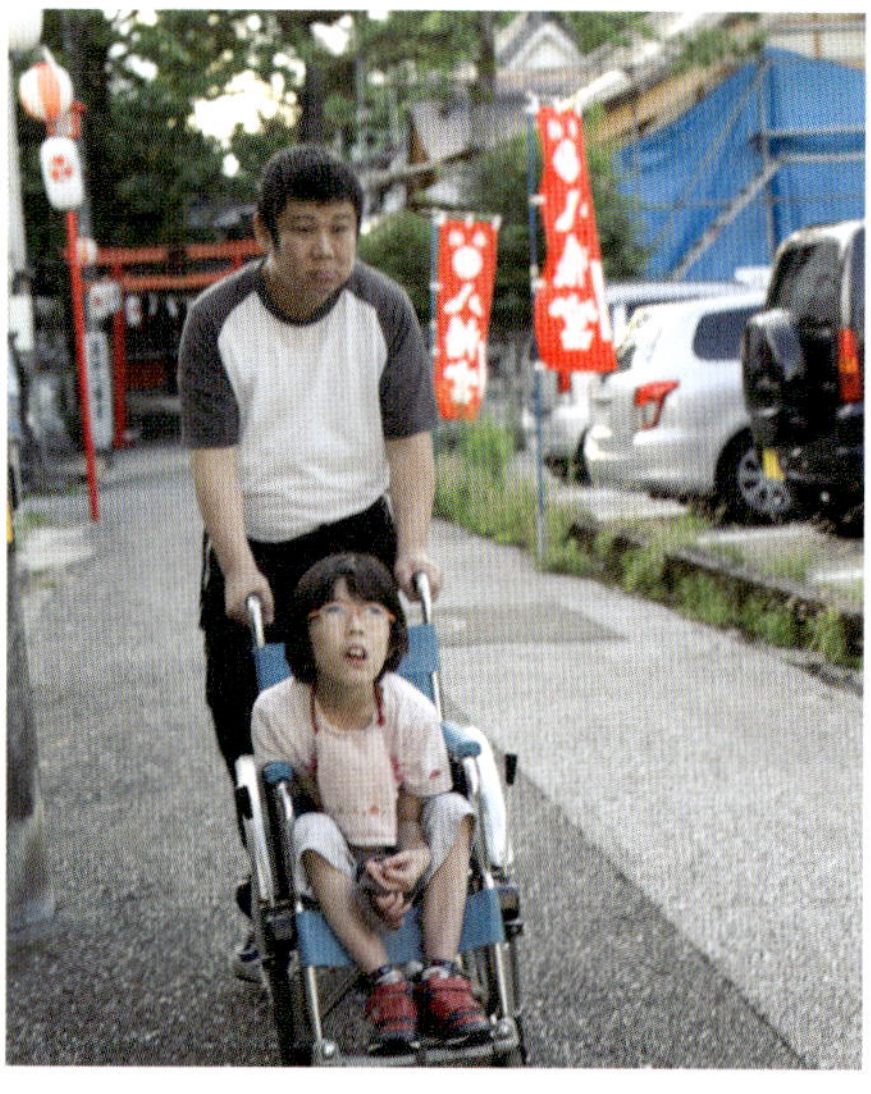

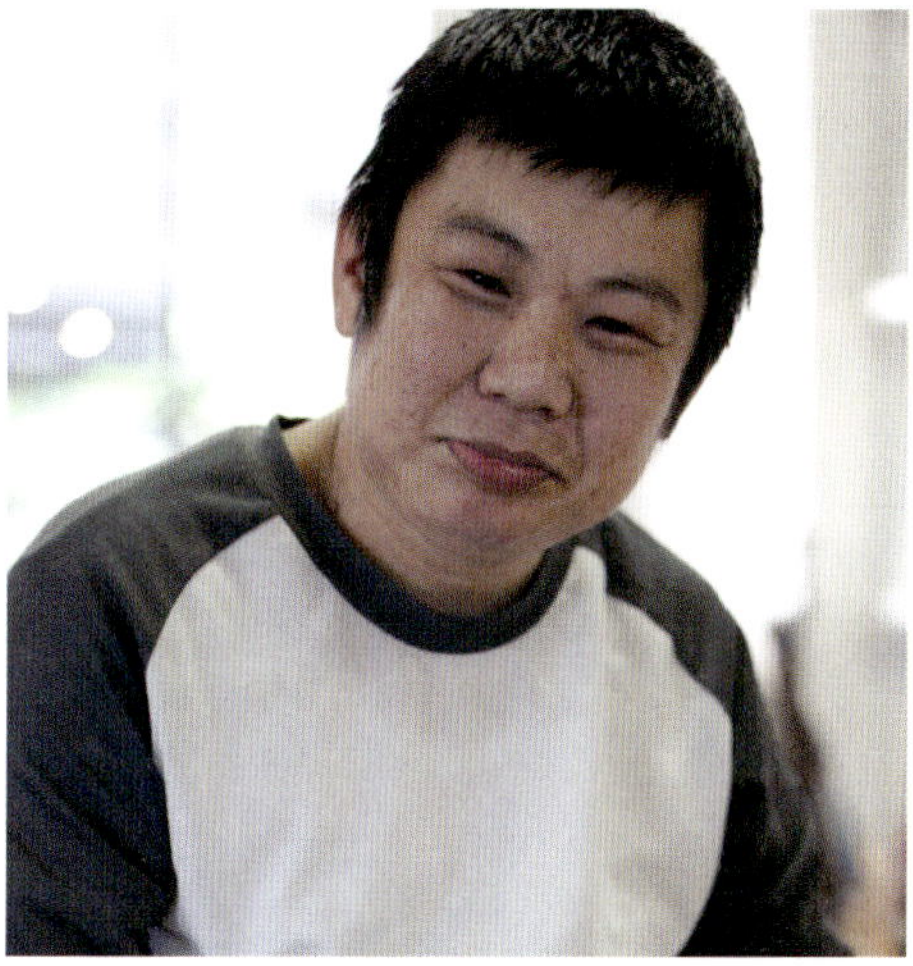

先輩《せんぱい》たちに聞《き》きました

Q1 ここに通《かよ》おうと思《おも》った理由《りゆう》は?

A 楽《たの》しいから
「アートセンター画楽《がらく》」に通《かよ》ってる。
ちぎり絵《え》を教《おし》えることが楽《たの》しい。
でも、教《おし》えるのはむずかしい。
ここに来《く》る理由《りゆう》は
絵《え》を描《か》いたり、粘土《ねんど》したり、
いろんな人《ひと》に会《あ》えるし、
話《はな》すのが楽《たの》しいから。好《す》きやから。

Q2 どの部分《ぶぶん》にやりがいを感《かん》じていますか?

A 人《ひと》にちぎり絵《え》を教《おし》えるのが楽《たの》しい。
教室《きょうしつ》のある月曜日《げつようび》が楽《たの》しみ。
みんな休《やす》まず来《き》てくれる。
お金《かね》(月謝《げっしゃ》)をもらえるくらい、
教《おし》えるのが上手《じょうず》になりたい。
でも、まだもらえない。
いつか自分《じぶん》がいなくても生徒《せいと》たちが
ちぎり絵《え》を上手《じょうず》に
できるようになってほしい。

Q3 悩《なや》んでいることはありますか?

A 「ちぎり絵《え》」教室《きょうしつ》の生徒《せいと》が授業料《じゅぎょうりょう》を
払《はら》いたいと言《い》っているけど、
お金《かね》をもらっていいのかわからない。
悩《なや》んでいる。スタッフの人《ひと》と
相談《そうだん》して、決《き》めていこうと思《おも》う。
でも、もっと教《おし》えるのが
上手《うま》くなったら、
授業料《じゅぎょうりょう》をもらいたいと思《おも》う。

Q4 将来《しょうらい》の夢《ゆめ》はなんですか?

A いま考《かんが》えているところ。
これからの目標《もくひょう》を
考《かんが》えていこうと思《おも》う。
今《いま》は生徒《せいと》が3人《にん》いる。
もっと生徒《せいと》が増《ふ》えるといいと思《おも》う。
新《あたら》しいゲーム機《き》が発売《はつばい》になったら
すぐに買《か》いたい。

スタッフから聞《き》きました

豊永《とよなが》さんは明《あか》るい性格《せいかく》で
「アートセンター画楽《がらく》」の
ムードメーカーです。
毎日《まいにち》のパン屋《や》の仕事《しごと》は
たいへんだと思《おも》いますが、
もう一《ひと》つの仕事《しごと》である
「アートセンター画楽《がらく》」の
活動《かつどう》が本人《ほんにん》の息《いき》ぬきや
喜《よろこ》びにつながってくれると
うれしいですね。
人《ひと》に教《おし》えることは
簡単《かんたん》なことではありませんが、
持《も》ち前《まえ》の明《あか》るさで
がんばってくれると思《おも》います。
スタッフも彼《かれ》のがんばりに
力《ちから》を貸《か》していこうと思《おも》います。

杉本《すぎもと》さんにも少《すこ》しでも楽《たの》しい
時間《じかん》をすごしてもらおうと、
スタッフだけではなく、
仲間《なかま》たちも一生懸命《いっしょうけんめい》工夫《くふう》して、
杉本《すぎもと》さんに話《はな》しかけています。

ここは来《く》る人《ひと》が好《す》きなこと、
得意《とくい》なことをして
楽《たの》しむ場所《ばしょ》です。
表現《ひょうげん》してもらった作品《さくひん》を
「ここはダメ、あれはダメ」
とは言《い》いません。だから、
みんな安心《あんしん》して表現《ひょうげん》します。
そうすると自信《じしん》が生《う》まれてきて、
「これをやってみたい」と
一歩《いっぽ》踏《ふ》み出《だ》したくなる、
「アートセンター画楽《がらく》」は
そんな空間《くうかん》です。

考《かんが》えてみよう

「アートセンター画楽《がらく》」では、自分《じぶん》の表現《ひょうげん》したいことを絵《え》にしたり、形《かたち》にしたりして、自分《じぶん》の好《す》きなことを何《なん》でも楽《たの》しむことができます。豊永《とよなが》さんは「ちぎり絵《え》」が得意《とくい》で、今《いま》では生徒《せいと》が3人《にん》もいる「先生《せんせい》」として仕事《しごと》をしています。
杉本《すぎもと》さんはお経《きょう》を聴《き》くと笑顔《えがお》になるので、
スタッフたちが杉本《すぎもと》さんにお経《きょう》を読《よ》んであげます。

Q1 **あなたは他《ほか》の人《ひと》に何《なに》かを教《おし》えたり、助《たす》けてあげたりしたことがありますか？ それはどんなことですか？**

Q2 **あなたはどんなときに（どんなことをすると）気持《きも》ちが落《お》ち着《つ》いたり、笑顔《えがお》になったりしますか？**

おわりに

この本《ほん》では、15人《にん》の先輩《せんぱい》たちの
働《はたら》く姿《すがた》を紹介《しょうかい》してきました。
読《よ》んでみてどうでしたか？

先輩《せんぱい》たちは、それぞれ
仕事《しごと》を選《えら》んだ理由《りゆう》も違《ちが》えば、
働《はたら》くことの楽《たの》しみも、将来《しょうらい》の夢《ゆめ》も違《ちが》いました。
「働《はたら》く」に正解《せいかい》はありません。
人《ひと》それぞれにその人《ひと》なりの
「働《はたら》く」があるのです。
この本《ほん》を読《よ》みながら、
今度《こんど》はあなたも自分《じぶん》なりの
「働《はたら》く」を考《かんが》えてみてください。
例《たと》えば、次《つぎ》のようなことを考《かんが》えてみましょう。

●先輩《せんぱい》たちの姿《すがた》を見《み》て、
あなたはこれからどんな
仕事《しごと》をしたいと思《おも》いましたか？

●そのために、あなたはこれから
何《なに》をはじめますか？
また続《つづ》けていきますか？

●9ページで考《かんが》えた3年後《ねんご》、5年後《ねんご》、10年後《ねんご》の
「どんな自分《じぶん》になっていたいか」を
振《ふ》りかえって、あなたはどう思《おも》いましたか？

●自分《じぶん》のやりたいこと（夢《ゆめ》）が
見《み》つかりましたか？
もしくは見《み》つけたいと思《おも》いましたか？

この本《ほん》を読《よ》んだことで、
「働《はたら》く」ことを少《すこ》しでも身近《みぢか》に考《かんが》える
きっかけとなってくれたら、
とてもうれしいです。

Credits《クレジット》

監修《かんしゅう》
菊地一文《きくちかずふみ》
（国立特別支援教育総合研究所《こくりつとくべつしえんきょういくそうごうけんきゅうじょ》
教育情報部主任研究員《きょういくじょうほうぶしゅにんけんきゅういん》）

編集《へんしゅう》
全日本手《ぜんにほんて》をつなぐ育成会《いくせいかい》

編集委員会《へんしゅういいんかい》
委員長《いいんちょう》
菊地一文《きくちかずふみ》
（国立特別支援教育総合研究所《こくりつとくべつしえんきょういくそうごうけんきゅうじょ》
教育情報部主任研究員《きょういくじょうほうぶしゅにんけんきゅういん》）
委員《いいん》（50音順《おんじゅん》）
打浪文子《うちなみあやこ》
（淑徳短期大学《しゅくとくたんきだいがく》こども学科講師《がっかこうし》）
尾崎祐三《おざきゆうぞう》
（国立特別支援教育総合研究所《こくりつとくべつしえんきょういくそうごうけんきゅうじょ》
教育支援部上席総括研究員《きょういくしえんぶじょうせきそうかつけんきゅういん》）
四王天正邦《しおうでんまさくに》
（株式会社三越伊勢丹《かぶしきがいしゃみつこしいせたん》ソレイユ
代表取締役社長《だいひょうとりしまりやくしゃちょう》）
原 智彦《はらともひこ》
（東京都立青峰学園主幹教諭《とうきょうとりつせいほうがくえんしゅかんきょうゆ》）
堀江美里《ほりえみさと》
（就業《しゅうぎょう》・生活支援《せいかつしえん》センター
WEL'S TOKYOセンター長《ちょう》）
松見和樹《まつみかずき》
（千葉県立特別支援学校《ちばけんりつとくべつしえんがっこう》
流山高等学園教諭《ながれやまこうとうがくえんきょうゆ》）

企画《きかく》・執筆《しっぴつ》
羽村 龍《はむらりゅう》
（全日本手《ぜんにほんて》をつなぐ育成会《いくせいかい》）

撮影《さつえい》
清水朝子《しみずあさこ》
貝塚純一《かいづかじゅんいち》（P66～72のみ）

装丁《そうてい》・本文《ほんぶん》デザイン
細山田光宣《ほそやまだみつのぶ》・鈴木《すずき》あづさ
（細山田《ほそやまだ》デザイン事務所《じむしょ》）

イラスト
村上《むらかみ》テツヤ

編集担当《へんしゅうたんとう》
国保 昌《こくぼまさる》（中央法規出版《ちゅうおうほうきしゅっぱん》）

「働く」の教科書

15人の先輩とやりたい仕事を見つけよう！

2013年 4月25日 初版第1刷発行
2025年 1月10日 第8刷発行

監修者 菊地一文
編者 社会福祉法人 全日本手をつなぐ育成会
発行者 荘村明彦
発行所 中央法規出版株式会社
〒110-0016
東京都台東区台東3-29-1 中央法規ビル
TEL 03-6387-3196
https://www.chuohoki.co.jp/
印刷・製本 株式会社興陽館 印刷事業部

ISBN 978-4-8058-3789-4
定価はカバーに表示してあります。

本書の内容に関するご質問については、下記URLから「お問い合わせフォーム」にご入力いただきますようお願いいたします。
https://www.chuohoki.co.jp/contact/

Supported by 日本財団 THE NIPPON FOUNDATION